Gallenblase Rezepte

Das große Gallenblase Kochbuch mit den besten und leckersten 130 Rezepten bei Gallenproblemen, Gallensteinen und nach einer Gallenblasenentfernung

1. Auflage 2022

Inhalt

Vorwort

Die Gallenbeschwerden gehören zu den Problematiken, von denen ausgesprochen viele Menschen betroffen sind, es aber oftmals erst dann bemerken, wenn massive Schmerzen auftreten. Wer nun allerdings bereits unter Gallenbeschwerden gelitten hat, weil eine Entzündung oder gar Gallensteine aufgetreten sind, weiß, wie sehr diese Beschwerden die Lebensqualität beeinträchtigen können.

Dabei hat jeder die Möglichkeit dazu, Gallenbeschwerden zu vermeiden oder auch zu lindern. An dieser Stelle spielt vor allem die eigene Ernährung eine primäre Rolle, die zum Wohlbefinden beiträgt, wenn man sie entsprechend anpasst oder ganz umstellt. Einige Lebensmittel erweisen sich als geeignet, sobald man Gallenbeschwerden wahrnimmt, während bei anderen Lebensmitteln ein Verzicht zu empfehlen ist. Dies gilt allerdings nicht nur, wenn man Gallenbeschwerden wahrnimmt, sondern auch dann, wenn die Gallenblase bereits entfernt werden musste, weil Gallensteine entstanden sind. Denn auch in diesem Fall produziert die Leber weiterhin den Gallensaft, der eine wichtige Rolle in der Verdauung spielt, aber im Idealfall nicht gesammelt, sondern dünn gehalten wird, um bei Bedarf an den Körper abgegeben zu werden.

Dieses Buch bietet Ihnen wertvolle Informationen, die Ihnen dabei helfen können, diese Umstellung schneller zu bewältigen, weil Sie die wichtigsten Hintergründe dazu erfahren und danach auch wissen, was man im besten Fall selbst beachten sollte, um auch in Zukunft Beschwerden vermeiden zu können. Dazu finden Sie im Ratgeberteil Informationen über die Galle und ihre Funktionen, die Arten von Gallenbeschwerden, die Entstehung von Gallensteinen und deren Folgen und möglichen Behandlungsmethoden von Gallensteinen. Ergänzt wird dieser Teil durch die Optionen der Ernährungsumstellung wie die „Teepause", Phasen der Aufbaukost, dauerhafte Ernährungsumstellung, Listen der gut verträglichen Lebensmittel, Listen der weniger gut verträglichen Lebensmittel und 9 Tipps, um die Gallenblase zu schonen und dafür zu sorgen, dass die Produktion des Gallensaftes optimiert werden kann.

Im nächsten Teil des Buches finden Sie den Rezeptteil, in welchem Sie eine Vielzahl von Rezepten aus den unterschiedlichsten Themengebieten mit verschiedensten Zutaten durchstöbern können, bei der sicherlich für jeden Geschmack etwas geboten wird. Um eine bessere Übersicht zu erzielen, wurden die Rezepte in Frühstück, Salate, Suppen & Eintöpfe, Hauptgerichte mit Fisch, Hauptgerichte mit Fleisch, Vegetarische Hauptgerichte, Smoothies und Snacks unterteilt. Der Dessertteil wurde bewusst nicht ausgeführt, weil viele Desserts mit Schokolade oder anderen Produkten mit einem hohen Fettanteil hergestellt werden, was sich als problematisch bei Gallenbeschwerden erweist.

Wir wünschen Ihnen viel Freude beim Lesen der Rezepte, beim Nachkochen neuer Speisen und beim Genießen für Sie selbst, Ihre Freunde oder die Familie!

Der Ratgeber zur Galle

Sobald man unter akuten Beschwerden leidet oder die Galle operativ entfernt worden ist, muss die Ernährung so umgestellt werden, dass der Körper sich entweder erholen oder auch an die neuen Gegebenheiten gewöhnen kann. Dafür werden verschiedene Schritte durchgeführt, damit die Verdauung gefördert wird, während die Gallenflüssigkeit dünnflüssig bleibt.

1. Was ist die Galle?

Wenn man von der Galle spricht, ist genau genommen zuerst einmal die Gallenblase gemeint. Diese befindet sich an der Unterseite der Leber. Sie ist 7-10 cm lang und höchstens 5 cm breit. Die Gallenblase sorgt dafür, dass Galle aus der Leber gespeichert und eingedickt wird. Damit hilft die Galle dann dem Zwölffingerdarm dabei Fette, die man mit der Nahrung aufgenommen hat, aufzuspalten, wodurch der Körper sie dann aufnehmen kann. An jedem Tag werden durch die Leberzellen 800- 1000 ml Galle produziert. Durch kleine Kanäle wird diese Flüssigkeit zur Gallenblase abgeleitet, die das Auffangbecken für diese Flüssigkeit darstellt. Innerhalb der Gallenblase mündet dann der Hauptgallengang direkt in den Zwölffingerdarm, um eine Weiterleitung des Gallensaftes zu erreichen.
Sobald man Nahrung aufnimmt, beginnt die Leber mit der Gallenproduktion, um die spätere Verdauung zu ermöglichen. In den Zeiträumen, in denen man keine Nahrung aufnimmt und keine Fettverdauung durchgeführt werden muss, wird diese Flüssigkeit in die Gallenblase abgegeben und dort gesammelt. Die Gallenflüssigkeit besteht zu einem großen Teil aus Wasser, doch man findet auch einige Fette, Cholesterin, Farbstoffe und Gallensalze darin vor. Der Farbstoff der Galle wird als Bilirubin bezeichnet und entsteht, sobald rote Blutkörperchen in der Leber abgebaut werden. Dieser Farbstoff verleiht auch dem Urin und dem Stuhlgang seine typischen Farben.

Die Gallensalze erfüllen den Zweck, dass sie große Fettkügelchen in der aufgenommenen Nahrung in kleinere Bestandteile zerlegen, die dann vom Körper besser weiterverarbeitet werden können. Danach spalten die Enzyme der Bauchspeicheldrüse diese Fette noch weiter auf. Zusätzlich gehört es zu den Aufgaben der Gallensalze, dass die den Darmzellen helfen, damit diese die aufgespaltenen Fette besser aufnehmen können.

2. Welche Arten von Gallenproblemen gibt es?

Sobald die Galle nicht mehr ihre volle Funktion erfüllt, weil sie erkrankt ist, wirkt sich das auf den gesamten menschlichen Organismus aus. Dennoch wird nicht sofort ein Zusammenhang zwischen den Beschwerden und der Galle erkannt.

Folgende Beschwerden können auf Gallenprobleme hinweisen:

- Schmerzen im rechten Bereich des Rippenbogens
- Völlegefühl
- Erbrechen
- Gelbfärbung der Haut
- Gelbfärbung der Augen
- Übelkeit
- dunkelbrauner Urin

Diese Symptome können auf Gallenbeschwerden hinweisen oder sogar durch Gallensteine verursacht werden. Denn sehr oft entstehen Gallenprobleme dadurch, dass es zu einer Verstopfung der feinen Kanäle der Gallenblase kommt, durch die der Gallensaft in die unterschiedlichen Regionen des Körpers transportiert wird. Tatsächlich findet man bei vielen Menschen Gallensteine vor, die keine Beschwerden haben, weil diese noch so klein sind, dass es zu keinem Verschluss eines Kanales kommt.
Erst sobald die oben genannten Beschwerden oder gar schmerzhafte Gallenkoliken auftreten, wird man einen Arzt aufsuchen, der dann die entsprechende Diagnose stellt und
eine Behandlung in die Wege leiten wird.

3. Was sind Gallensteine?

Bei den Gallensteinen unterscheiden die Mediziner zwischen jenen, die so klein sind, dass man sie nicht entfernen muss, weil dadurch keine Beschwerden entstehen und den Gallensteinen, welche die Kanäle verschließen und Schmerzen verursachen, was eine Entfernung dringend notwendig macht. Gerade wenn häufiger Koliken bei den Betroffenen wahrgenommen werden, ist eine Entfernung der Gallensteine der einzige Ausweg um weitere Schmerzen zu verhindern. Durch den Verschluss der Kanäle entstehen weitere Probleme, denn der Gallenstau verhindert, dass die Galle in den Zwölffingerdarm weitergeleitet wird, wodurch die Galle dann in die Gallenblase zurückgeleitet wird. Innerhalb des Zwölffingerdarmes wird nun die Entstehung von Bakterien begünstigt, was die Entzündung des Gallenganges, der Gallenblase oder der Bauchspeicheldrüse als Folge haben kann.

Gallensteine können durch folgende Faktoren oder bei diesen Risikogruppen entstehen:

- Genetische Veranlagungen
- Übergewicht
- Zu fettreiche Nahrung
- Schilddrüsenunterfunktion
- Diabetes
- entzündliche Darmerkrankungen
- Schwangerschaft
- zu hohe Blutfettwerte
- Einnahme der Pille oder anderer weiblicher Geschlechtshormone
- Überfunktion der Nebenschilddrüsen

Kommt es in der Gallenflüssigkeit zu einem Ungleichgewicht der einzelnen Bestandteile, dann kann das zu einer Kristallisierung führen, die man dann als Gallensteine bezeichnet.

4. Die Behandlung von Gallensteinen

Gallensteine werden nur dann behandelt, wenn die Größe dafür verantwortlich ist, dass innerhalb des Körpers massive Beschwerden oder Einschränkungen auftreten. Kleinere Steine werden zwar nicht immer entfernt, es kann aber dennoch zu einer Ernährungsumstellung geraten werden, die unter Umständen ein Leben lang erhalten bleibt.

Die Behandlung mit Medikamenten

Die ersten Schritte eines Arztes bestehen darin, zu ermitteln wo sich die Gallensteine genau befinden und welche Größe sie aufweisen. Bei kleineren Steinen werden oft Medikamente mit dem Wirkstoff Ursodeoxycholsäure verabreicht. Durch diese soll erreicht werden, dass sich die Gallensteine von selbst wieder auflösen. Das eigentliche Problem hierbei ist darin zu sehen, dass sich bei Menschen mit dieser Problematik immer wieder Gallensteine bilden, was zu einer dauerhaften Einschränkung der Lebensqualität führen kann.

Die Operation

Um Gallensteinen dauerhaft entgegenzuwirken, kann auch eine Operation durchgeführt werden, bei welcher dann die Gallenblase selbst entnommen wird, um schmerzhafte Koliken zu stoppen. Nach dieser Operation leitet die Leber dann die Gallenflüssigkeit einfach direkt an den Dünndarm ab, ohne diese in der Galle zwischenzuspeichern.

Die Ernährungsumstellung

Nachdem man die ersten Beschwerden oder Gallensteine hatte, muss man sich ernsthaft mit einer Ernährungsumstellung auseinandersetzen, die in vielen Fällen dann auch lebenslang beibehalten werden muss. Hierbei werden vor allem Ballaststoffe oder Fette in der Nahrung gemindert, um den Körper zu schonen und neuen Schmerzen vorbeugen zu können.

Einige Lebensmittel werden sogar ganz gemieden, was jedoch nicht bedeutet, dass man keine wohlschmeckenden Speisen zubereiten könnte. Man muss diese Faktoren nur berücksichtigen und man kann ein ganz normales Leben führen, zu dem auch unterschiedliche Speisen mit verschiedensten Zutaten in einem abwechslungsreichen Speiseplan gehören.

5. Die richtige Ernährung bei Gallenbeschwerden

Wer einmal mit Gallenbeschwerden zu kämpfen hat, wird sicherlich ein großes Interesse daran verspüren, eine Wiederholung zu vermeiden. In diesen Fällen erweist sich eine Ernährungsumstellung als sinnvoll, welche speziell auf die Bedürfnisse des Körpers und den Betroffenen abgestimmt wurde.
An dieser Stelle unterscheidet man zwischen den guten verträglichen und den schlecht verträglichen Lebensmitteln. Am Anfang der Umstellung kann es sehr hilfreich sein, sich eine Liste mit den Komponenten zu erstellen, um sowohl beim Einkaufen als auch beim Kochen einen besseren Überblick behalten zu können. Nach einiger Zeit weiß man in der Regel jedoch sehr genau, was man bevorzugen und was man vermeiden sollte.
Eine der größten Ursachen für Gallenprobleme ist eine zu fettreiche Ernährung. Denn nun kommt es dazu, dass die Gallenblase mehr Gallenflüssigkeit produzieren wird. Befindet sich nun ein Gallenstein vor einem der Gallenkanäle, kommt es zum schmerzhaften Zusammenziehen der Galle, was man dann als Gallenkolik bezeichnet. Um fettarm zu essen, sollte man zuerst darauf achten, dass man pflanzliche Fette verwendet und weitgehend auf eine Zubereitung mit tierischen Fetten verzichtet. Das bedeutet, bei den Garvorgängen sind Pflanzenöle vorzuziehen, während man Butter oder Butterschmalz meiden sollte. Milchprodukte sollten wenig Fett enthalten und auf hart gekochte Eier sollte man ganz verzichten, weil diese schwer verdaulich sind.

6. Ernährungspläne, um Gallenbeschwerden zu mindern

Bei Gallenbeschwerden ist es zuerst einmal sehr wichtig, dass man am Anfang viele kleine Mahlzeiten anstatt großer Speisenmengen verzehrt. Das sorgt dafür, dass die Gallenflüssigkeit dünn bleibt, während die Verdauung weiterhin gefördert wird.

1. Die „Teepause"

Leidet man unter akuten Beschwerden oder die Gallenblase musste operativ entfernt werden, so kann eine „Teepause" empfohlen werden, die mindestens 1 Tag, aber höchstens 3 Tage andauern sollte. Diese hilft dabei, die Verdauungsbeschwerden zu lindern. Die „Teepause" darf nur nicht zu lange dauern, weil man dem Körper ansonsten zu wenige Vitalstoffe und Vitamine zuführt. Das sorgt dann wieder für eine Verdickung des Gallensaftes, wodurch die Entstehung von Gallensteinen begünstigt wird.

Lebensmittel und Getränke, die während der „Teepause" verwendet werden

Getränke	Gebäck	Suppen	Snacks	Obst
-Lauwarmer Tee	-Zwieback -Knäckebrot -Getoastetes Weißbrot	-Grießsuppe -Haferflockensuppe -Schleimsuppen	-Reiswaffeln	-Apfelmus

Danach beginnt man mit der „Aufbaukost", um die Verdauung wieder mehr zu fordern und dem Körper wichtige Vitalstoffe zuführen zu können.

Folgende Lebensmittel werden bei der Aufbaukost nur der „Teepause" hinzugefügt, um den Speiseplan zu gestalten:

2. Die erste Phase der Aufbaukost

Kohlenhydrate	Süßspeisen	Milchprodukte
-Reis (gedünstet) -Kartoffelpüree	-Milchgrieß -Milchreis	-Joghurt

3. 5 Tage nach dem Abklingen der Beschwerden

Kohlenhydrate	Altbackenes Brot, Toastbrot, Teigwaren (wie Nudeln)
Gemüse	Nur gedünstet! Zucchini, Fenchel, Spinat, Karotten
Fleisch	Nur gedünstet! Kalbsfleisch, Hühnerfleisch
Süßspeisen	Nur schwach gesüßt! Reisauflauf, Creme, Biskuit
Obst	Apfelmus, Birnenkompott
Milchprodukte	Fettarmer Quark

Fisch	Nur gedünstet oder in Alufolie gegart! Scholle, Dorsch, Forelle
Gewürze	Küchenkräuter, milder Essig, wenig Salz, Zitrone
Fette	Nicht mehr als 40 g pro Tag! Margarine, Öl

4. Die Erweiterung der Lebensmittel zur dauerhaften Ernährungsumstellung

Gemüse	Junge Bohnen, grüner Salat, Rote Rüben, Kürbis, Erbsen, Kartoffeln, Sellerie
Fleisch	Hackfleisch vom Huhn oder der Pute, fettarmes Kalbsfleisch, fettarmes Rindfleisch, fettarme Wurst, fettarme Hühnersuppe, fettarme Rindersuppe
Süßspeisen	Wenig gesüßte Mehlspeisen, Mürbekekse
Obst	Himbeeren, Melonen, Pfirsiche, Bananen, Äpfel, Kirschen, Birnen
Milchprodukte	Mit niedrigem Fettgehalt! Frischkäse, Hüttenkäse, Schmelzkäse, Quark
Fisch	Seelachs, Zander, Hecht, Kabeljau
Gewürze	Anis, Zimt, Kümmel, Gewürznelken

Fette	Margarine, Olivenöl, Rapsöl, Pflanzenöl
Getränke	Kräutertee, Sojamilch, Buttermilch, Milch mit niedrigem Fettanteil, Karottensaft, Mineralwasser ohne Kohlensäure
Gebäck	Wenig gesüßte Cornflakes
Eier	Nur als weiche Eier oder Zutat in Mehlspeisen oder Aufläufen

5. Liste der gut verträglichen Lebensmittel

Folgende Lebensmittel darf man bei einer andauernden Ernährungsumstellung zu sich nehmen:

Kohlenhydrate	Knäckebrot, Toastbrot, fettarmer Kuchen, Grieß, Kartoffeln, Kartoffelbrei, Zwieback, Haferflocken, Nudeln, Pellkartoffeln
Milch & Käse	Milch mit maximal 1,5 % Fett, Käse mit maximal 30 % Fett, Magerquark
Obst	Reifes Obst und Gemüse. Bevorzugt sind dabei Birnen, Heidelbeeren, Mandarinen, Bananen, Melonen, Äpfel, Grapefruits.
Gemüse	Fast alle Gemüsesorten (Ausnahmen finden Sie in der nächsten Tabelle)
Fleisch	Magere Fleischsorten wie Hase, Reh, Hähnchen, Schweinefilet, Rinderfilet, Kalbsfleisch, mageres Rindfleisch, magere Wurst, Ente ohne Haut.

Fisch	Scholle, Kabeljau, Rotbarsch, Zander
Zucker & Süßigkeiten	Honig, Süßstoff, Haushaltszucker, Bonbons, Marmelade, Pudding

6. Liste der schlecht verträglichen Lebensmittel

Folgende Lebensmittel sollte man bei Gallenbeschwerden entweder meiden oder nur in geringer Menge verzehren:

Kohlenhydrate	Frisches Brot, frische Brötchen, fettige Pfannkuchen, Pommes frites, Bratkartoffeln, Kartoffelsalat, alle Vollkornprodukte (weil die Ballaststoffe, dem Körper viel abverlangen), fettiges Gebäck
Milch & Käse	Sahne, Gorgonzola, Camembert, Käse mit einem Fettgehalt über 30 %, Milch mit einem Fettgehalt über 1,5 %
Obst	Unreifes Obst, Nüsse, Pflaumen, Trockenobst, Trauben, Johannisbeeren
Gemüse	Kohl, Paprika, Wirsing, Rettich, Sauerkraut, Schalotten, Maronen, Radieschen- kann man in geringer Menge verzehren. Sollten Beschwerden auftreten, ist ein Verzicht empfehlenswert.
Fisch	Lachs, Makrelen, Aal, Ölsardinen, Karpfen
Fleisch	Masthuhn, Ente mit Haut, paniertes Fleisch, Schweinefleisch, geräuchertes Fleisch, Schinkenwurst, Bratwurst, Mettwurst
Zucker & Süßigkeiten	Eis, Nugat, Schokolade, alle Desserts mit hohem Fettanteil

7. Tipps, um die Gallenblase zu schonen und Gallenbeschwerden vorzubeugen

Es gibt einige Tipps, die man beachten kann, wenn man Gallenbeschwerden lindern oder sie vermeiden möchte. Diese sind nachfolgend zu finden:

Tipp 1. Gezielte Fettaufnahme.
Bei Gallenbeschwerden ist eine fettreiche Ernährung zwar zu vermeiden, aber das bedeutet nicht, dass der Körper nicht ein wenig Fett benötigen würde, um seine Funktionen aufrechterhalten zu können. Nimmt man nun bewusst wenig Fett zu sich, entsteht zusätzlich die Problematik, dass auch zu viel Gallenflüssigkeit in der Galle zurückbleiben wird. Im Idealfall betrachtet man allerdings die Art der Fette genauer. Tierische Fette, wie in Butter sind zu vermeiden, während man pflanzliche Fette wie in vielen Ölen oder Margarinen auch zum Kochen verwenden kann. Einige Fette wie die Omega-3-Fettsäuren und Omega-6-Fettsäuren sind sogar lebensnotwendig und können durch den Verzehr von Fisch mit der Nahrung aufgenommen werden.

Tipp 2. Aufnahme von Nährstoffen.
Die Aufnahme von Nährstoffen ist vor allem dann wichtig, wenn man bereits Gallensteine zu finden sind. Hierbei sind einige Nährstoffe wichtig, deren Eigenschaften man im Idealfall in der Ernährung mit berücksichtigen sollte:

-Magnesium: Ein Magnesiummangel erhöht das Risiko von Gallensteinen

Essenzielle Fettsäuren: Sobald der Darm Fette nur schlecht aufnehmen kann, dann fehlen ihm bestimmte Fettsäuren, die lebensnotwendig (essenziell) sind. Diese können Omega-3-Fettsäuren und Omega -6-Fettsäuren sein, die man durch den Verzehr von Fisch zu sich nehmen kann.

Fettlösliche Vitamine: Leidet man unter Gallenbeschwerden, dann ist die Aufnahme von Fett durch den Körper massiv gestört. Das bedeutet aber auch, dass fettlösliche Vitamine wie Vitamin A, Vitamin, D, Vitamin, E und Vitamin K nicht mehr aufgenommen werden können, was zu Mangelerscheinungen führen kann.

Tipp 3. Verzehr von kleinen Mahlzeiten.
Möchte man die Gallenblase möglichst wenig belasten, dann ist es sinnvoll mehrere kleine Mahlzeiten am Tag zu sich zu nehmen, damit der Gallensaft auch genutzt und nicht dauerhaft in der Gallenblase gesammelt wird. Nimmt man nun jedoch größere Mahlzeiten zu sich, wird auch mehr Gallensaft produziert oder die Gallenblase muss sich fast leeren, was das Organ unnötig belastet.

Tipp 4. Verzicht auf spezielle Teesorten.
Obwohl Pfefferminztee der Entstehung von Gallensteinen vorbeugen kann, so wirkt die Pfefferminze auch galletreibend, was zu zusätzlichen Beschwerden führt, sobald man bereits Gallensteine hat. Es gibt allerdings noch andere Teesorten, auf die man wegen der gleichen Eigenschaft verzichten sollte. Diese sind: Schafgarbe, Wegwarte, Wermut, Artischocke, Schöllkraut, japanische Gelbwurz, Mariendistel und Löwenzahn.

Tipp 5. Genug Flüssigkeit.
Mit Gallenproblemen ist es wichtig darauf zu achten, dass man dem Körper genügend Flüssigkeit zuführt.
Im Idealfall wählt man dafür ungesüßte Kräutertees und Wasser ohne Kohlensäure.

Tipp 6. Diät ist verboten.
Bei Gallenbeschwerden sollte man weder eine Diät durchführen, noch sich dafür entscheiden, plötzlich zu fasten. Nimmt man nur wenig Nahrung zu sich, dann wird der Gallensaft nicht benötigt und verbleibt dadurch länger in der Gallenblase. Wird die Ausschüttung über einen längeren Zeitraum verhindert oder gehemmt, hat dies zur Folge, dass der Gallensaft eindickt, was dann die Entstehung von Gallensteinen und Entzündungen begünstigen würde.

Tipp 7. Vollkornprodukte meiden.
Vollkornprodukte gelten im Allgemeinen als ausgesprochen gesund und können in Form von Brotwaren oder auch Teigwaren wie Nudeln verzehrt werden. Bei bestehenden Gallenproblemen kommt es jedoch durch den hohen Ballaststoffanteil in den Vollkornprodukten zu einer Steigerung der Gallenbeschwerden.

Tipp 8. Blähungen senken.
Wenn man unter Blähungen leidet, dann üben diese im Körper Druck auf die Gallenblase aus. Diesen Druck spürt man jedoch auch sehr unangenehm, wenn die Gallenblase bereits entfernt worden ist. An dieser Stelle kann man einige Haushaltsprodukte verwenden, die man entweder als Pulver oder sogar als Tee, ohne Zucker, aufnehmen kann. Hilfreich sind: Fenchel, Anis, Kümmel und Liebstöckelsamen.

Tipp 9. Speiseplan erstellen.
Gerade am Anfang einer Ernährungsumstellung zur Schonung der Gallenblase oder des Verdauungstraktes kann ein Speiseplan sehr sinnvoll sein.
Dieser dient zuerst einmal dazu, dass man sich sehr genau mit den einzelnen Lebensmitteln auseinandersetzt. Zugleich kann man Abwechslung in die Ernährung bringen, damit man die Freude am eigentlichen Essen nicht verliert. Hinzu kommt, dass es bei einigen Gemüsesorten zu Beschwerden kommen kann, wenn man diese in zu hoher Menge verzehrt. Beachtet man dies, kann man dafür Sorge tragen, dass man das Gemüse verzehren kann, dabei allerdings auch Abstände bei der Aufnahme berücksichtigt.

Frühstückrezepte

Toastbrot mit Meerrettichquark & Forellenfilet

Zubereitungszeit: 30 Minuten
Portionen: 2
Zutaten:

- 100 g Karotten
- 75 g Magerquark
- ½ Bund Dill
- 2 TL Meerrettich, frisch gerieben
- 4 Scheiben Toastbrot
- 2 Forellenfilets, je 50 g
- Salz

Zubereitung:

1. Karotte schälen und fein reiben.
2. Dill waschen und hacken.
3. Quark mit Meerrettich und einer Prise Salz mischen.
4. Forellenfilets etwas kleiner schneiden.
5. Toastscheiben toasten.
6. Toastscheiben mit Quark bestreichen, Dill darüber streuen, Karotten darauf verteilen und Forelle darüber geben.

Müsli mit Hirse, Birne und Heidelbeeren

Zubereitungszeit: 30 Minuten
Portionen: 2
Zutaten:

- 2 TL Honig
- 100 g Hirse
- 1 Prise Zimt
- 2 Birnen
- 300 ml Milch, fettarm
- 40 g Heidelbeeren

Zubereitung:

1. Birnen waschen, in Viertel schneiden, Kerngehäuse entfernen, schälen und klein würfeln.
2. Hirse mit 200 ml Wasser in einem Topf aufkochen und bei geringer Hitze 10 Minuten quellen lassen.
3. Heidelbeeren in ein Sieb geben, mit kaltem Wasser abspülen und abtropfen lassen.
4. Hirse in eine Schüssel umfüllen und 10 Minuten abkühlen lassen.
5. Alle Zutaten zusammenmischen.

Sandwich mit Tomaten & Basilikumquark

Zubereitungszeit: 20 Minuten
Portionen: 2
Zutaten:

- 1 TL Basilikum, gehackt
- 2 Blätter Kopfsalat
- 1 TL Kapern, aus dem Glas
- 100 g Magerquark
- 4 Scheiben Toastbrot
- 4 Tomaten
- Salz
- Pfeffer

Zubereitung:

1. Kapern klein hacken.
2. Salat waschen und klein rupfen.
3. Tomaten waschen und in dünne Scheiben schneiden.
4. Quark, Salz, Pfeffer, Basilikum und Kapern mischen.
5. Toastscheiben toasten. 2 Scheiben mit Salat belegen, mit Basilikumquark bestreichen. Tomaten darauf verteilen und zweite Toastscheibe darüber legen.

Müsli mit Gemüse

Zubereitungszeit: 40 Minuten
Portionen: 2
Zutaten:

- 1 Zucchini, gelb
- 1 Zucchini, grün
- 75 g Haferflocken, zart
- 2 Tomaten
- 1 TL Basilikum, gehackt
- 100 ml Milch
- Salz
- Pfeffer

Zubereitung:

1. Zucchini waschen und würfeln. In einem Topf mit 200 ml Wasser 6 Minuten kochen lassen. Abgießen, abtropfen lassen, salzen und pfeffern.
2. Tomaten waschen und würfeln.
3. Haferflocken mit 100 ml Milch mischen und 5 Minuten quellen lassen.
4. Alle Zutaten zusammenmischen.

Birnen-Banane-Müsli

Zubereitungszeit: 5 Minuten
Portionen: 2
Zutaten:

- 25 g gehackte Haselnüsse
- 1 Banane, in Stücke geschnitten
- 1 1/2 Birnen
- 100 g Haferflocken
- 1 EL Ahornsirup
- 250 ml Hirsemilch

Zubereitung:

1. Gehackte Haselnüsse in einer Pfanne ohne Fett hellbraun rösten. Zur Seite legen.
2. Birnen schälen, vierteln und entkernen. Birnen würfeln. Banane ebenfalls in Stücke schneiden.
3. Birnen mit Haferflocken, Ahornsirup, Milch, Banane und den Nüssen verrühren.

Haferbrei

Zubereitungszeit: 10 Minuten
Portionen: 1
Zutaten:

- 400 ml Milch, fettarm
- 1 Prise Salz
- 70 g Haferflocken, zart
- 1 EL Zucker

Zubereitung:

1. Milch in einem Topf erhitzen, Haferflocken untermischen und aufkochen lassen.
2. Salz und Zucker untermischen, Topf vom Herd nehmen und Haferflocken 5 Minuten quellen lassen.
3. Danach in ein Schälchen geben.

Haferflocken mit Erdbeeren

Zubereitungszeit: 15 Minuten
Portionen: 1
Zutaten:

- 100 g Erdbeeren
- 120 ml Milch, fettarm
- 5 EL Haferflocken
- 1 Prise Zimt
- 1 TL Honig

Zubereitung:

1. Haferflocken mit Milch, Honig und Zimt in einen Topf geben und aufkochen. 5 Minuten köcheln lassen.
2. Topf vom Herd nehmen und Haferflocken 5 Minuten quellen lassen.
3. Haferflocken in ein Schälchen geben.
4. Erdbeeren waschen, das Grüne abschneiden und in Scheiben schneiden. Über den Haferflocken verteilen.

Apfel-Zimt-Porridge

Zubereitungszeit: 5 Minuten
Portionen: 2
Zutaten:

- 2 Äpfel
- 100 g Haferflocken
- 350 ml Hirsemilch
- Zimt

Zubereitung:

1. Die Äpfel fein reiben. Milch aufkochen lassen und die Haferflocken und den Zimt zugeben. Solange weiterkochen lassen, bis es eine cremige Konsistenz zustande gekommen ist.
2. Zum Schluss noch mit dem geriebenen Apfel vermischen und mit etwas Zimt bestreuen.

Knäckebrot mit Quarkcreme & Putenbrust

Zubereitungszeit: 15 Minuten
Portionen: 2
Zutaten:

- 150 g Magerquark
- 4 Scheiben Knäckebrot
- 1 Bund Schnittlauch
- 4 Scheiben Putenbrust, mager
- 1 EL Milch, fettarm
- 4 Blätter Römersalat
- Salz
- Pfeffer

Zubereitung:

1. Milch, Quark, Salz und Pfeffer mischen.
2. Schnittlauch waschen, in Röllchen schneiden und unter den Quark mischen.
3. Salat waschen und klein rupfen.
4. Knäckebrote mit Salat belegen und Quarkcreme darüber geben.
5. Putenbrust darüber legen.

Knäckebrot mit Karottentatar

Zubereitungszeit: 15 Minuten
Portionen: 1
Zutaten:

- 1 Stiel Minze
- 1 Karotte
- 1 EL Öl
- 2 Scheiben Knäckebrot
- 1 Orange
- Salz
- Pfeffer

Zubereitung:

1. Orange halb schneiden. Aus einer Hälfte die Filets zwischen den Trennhäuten lösen und fein hacken. Aus der zweiten Hälfte den Saft auspressen.
2. Karotte schälen und klein raspeln.
3. In einer Pfanne Öl erhitzen. Orangensaft, Karotten, Salz und Pfeffer mischen und 2 Minuten köcheln lassen. Orangenstücke unter die Mischung geben.
4. Karottenmischung aus der Pfanne nehmen und etwas abkühlen lassen.
5. Minze waschen, fein hacken und unter die Karotten mischen.
6. Karottenmischung auf dem Knäckebrot verteilen.

Hirsegrieß Porridge

Zubereitungszeit: 10 Minuten
Portionen: 2
Zutaten:

- 100 g Hirsegrieß
- 200 ml Wasser
- 100 ml Hirsemilch
- ½ TL Zimt
- Prise Vanille, frisch
- etwas Früchte (Banane, Himbeeren)

Zubereitung:

1. Das Wasser in einem Topf zum Kochen bringen.
2. Den Hirsegrieß einrühren und 3-4 Minuten auf kleiner Stufe köcheln lassen.
3. Nachdem der Hirsegrieß schon im Wasser geköchelt ist, die Milch, Zimt und Vanille hinzufügen und einrühren. Für weitere 3 Minuten köcheln lassen.
4. Vom Herd nehmen und für ca. 2 Minuten quellen lassen.
5. Währenddessen die Früchte vorbereiten.
6. Porridge in eine Schüssel geben und mit Früchten garnieren.

Sandwich mit Putenbrust & Salat

Zubereitungszeit: 15 Minuten
Portionen: 4
Zutaten:

- 8 Scheiben Putenbrust, mager
- 1 Gurke
- 12 Scheiben Toast
- 1 Kästchen Kresse
- 6 Blätter Kopfsalat
- 6 EL Frischkäse, fettarm
- Salz
- Pfeffer

Zubereitung:

1. Toastscheiben auf der Arbeitsfläche ausbreiten.
2. Salat waschen, klein rupfen und auf 6 Scheiben verteilen.
3. Kresse waschen und vom Beet schneiden. Mit Frischkäse, Salz und Pfeffer mischen.
4. Gurke waschen und in dünne Scheiben schneiden.
5. Auf jede Toastscheibe mit Salat Frischkäse streichen, Putenbrust darüber legen und Gurke darauf verteilen. Mit zweiter Toastscheibe abdecken, quer in Dreiecke schneiden und auf 4 Teller verteilen.

Haferflocken-Himbeeren-Brei

Zubereitungszeit: 15 Minuten
Portionen: 2
Zutaten:

- 200 g Himbeeren
- 100 g Haferflocken, zart
- 100 ml Milch, fettarm
- 100 ml Wasser

Zubereitung:

1. Milch, Wasser und Haferflocken in einen Topf geben und aufkochen. Danach 7 Minuten bei geringer Hitze mit Rühren köcheln lassen.
2. Himbeeren waschen und unter die Haferflocken mischen.
3. Mischung in 2 Schälchen verteilen.

Mohn-Vanille-Porridge

Zubereitungszeit: 15 Minuten
Portionen: 2
Zutaten:

- 400 ml Mandelmilch
- 6 EL Haferflocken
- 4 TL, gestr. Mohn
- 1 TL Vanilleextrakt
- 2 TL Ahornsirup
- 1 Apfel
- Heidelbeeren

Zubereitung:

1. Die Mandelmilch zusammen mit den Haferflocken, dem Ahornsirup, dem Mohn und den Vanilleextrakt in einen kleinen, beschichteten Topf geben und unter Rühren aufkochen lassen. Nun den Topf von der Kochstelle nehmen und mit einem Deckel abdecken. Er muss ca. 4-5 Min. ruhen.
2. Den Apfel würfeln und mit etwas Zimt in einer kleinen Pfanne oder einem kleinen beschichteten Topf angebraten. Als Nächstes die gefrorenen Blaubeeren hinzugeben. Das Ganze nun so lange erhitzen, bis die Blaubeeren aufgetaut sind.
3. Zum Schluss das Porridge noch einmal durchrühren und zusammen mit der Beeren-Apfel-Beilage auf einem tiefen Teller oder in einer Schüssel anrichten.

Knäckebrot mit Banane & Quark

Zubereitungszeit: 15 Minuten
Portionen: 1
Zutaten:

- 2 Bananen
- 2 Scheiben Knäckebrot
- 1 TL Ahornsirup
- 60 g Magerquark

Zubereitung:

1. Quark mit Ahornsirup mischen und glatt rühren.
2. Bananen schälen, mit einer Gabel zerdrücken und unter den Quark mischen.
3. Mischung auf dem Knäckebrot verteilen.

Apfel-Möhren-Porridge

Zubereitungszeit: 15 Minuten
Portionen: 2
Zutaten:

- 350 g Möhren
- 2 Äpfel
- 1 Stück Ingwer (ca. 10 g)
- 1 kl. Stück Vanilleschote
- 1/2 EL Nussmus deiner Wahl
- 2 EL Beeren, frisch oder tiefgekühlt

Zubereitung:

1. Möhren schälen und in kleine Stücke schneiden. Äpfel schälen, das Kerngehäuse entfernen und das Fruchtfleisch klein schneiden. Den Ingwer schälen und sehr fein würfeln.
2. 200 ml Wasser in einen Topf geben, Äpfel, Möhren, Ingwer und Vanilleschote zufügen und im geschlossenen Topf 10 Minuten kochen.
3. Das Stück Vanilleschote entfernen und die Möhren-Apfel-Mischung mit einem Pürierstab zerkleinern.
4. Kurz vor dem Servieren das Püree mit Nussmus verrühren, in kleine Schalen füllen und mit Beeren anrichten.
5. Guten Appetit.

Mandelmilch-Chiasamen-Porridge

Zubereitungszeit: 10 Minuten
Portionen: 2
Zutaten:

- 2 Tassen Mandelmilch
- 6 EL Haferflocken
- 2 TL Chiasamen
- Obst nach Wahl

Zubereitung:

1. 2 Tassen Mandelmilch zusammen mit den Haferflocken und Chiasamen aufkochen, ca. 5 Minuten kochen lassen und dann ein paar Minuten ruhen lassen.
2. Auf einen Teller geben und mit frischem Obst der Wahl verfeinern.

Kokos-Beeren-Porridge

Zubereitungszeit: 15 Minuten
Portionen: 4
Zutaten:

- 100 g Haferflocken
- 400 ml Kokosmilch
- 2 kleine Bananen, sehr reife
- 6 EL Beeren, frische
- Kokoschips
- 2 EL Kokosflocken

Zubereitung:

1. Die Haferflocken mit Kokosmilch ca. 8 - 10 Minuten leicht köcheln lassen, bis die Masse schön cremig ist.
2. Die Beeren gut waschen und die Bananen zerquetschen. Die Bananen und 1 EL Beeren unter die leicht abgekühlte Masse rühren und nach Bedarf süßen. Zuletzt noch 2 EL Kokosflocken unterrühren. Mit den restlichen Beeren und den Kokoschips servieren.

Mango-Zimt-Porridge

Zubereitungszeit: 10 Minuten
Portionen: 2
Zutaten:

- 10 EL Haferflocken
- 400 ml Mandelmilch
- Zimt
- Ahornsirup
- 1 Mango

Zubereitung:

1. Zuerst die Haferflocken und die Mandelmilch in einen Topf geben und auf niedriger bis mittlerer Stufe erwärmen. Danach die Temperatur langsam erhöhen, jedoch nicht bis zur höchsten Stufe. Das Gemisch unter ständigem Rühren langsam aufkochen und mit Zimt und Ahornsirup abschmecken.
2. Die Mango in kleine Würfel schneiden.
3. Zum Schluss die Mangowürfel auf das Porridge geben und warm oder kalt genießen.

Frühstücksbrei

Zubereitungszeit: 10 Minuten
Portionen: 3
Zutaten:

- 150 g Haferflocken
- 360 ml Kokosmilch
- 3 EL Chiasamen
- 300 g Heidelbeere

Zubereitung:

1. Die Haferflocken mit den Chiasamen vermischen und die Kokosmilch unterrühren.
2. Die Heidelbeeren waschen, halbieren und vorsichtig unterheben. Den Frühstücksbrei in kleine Schälchen füllen und alles über Nacht im Kühlschrank ziehen lassen.

Thunfisch Käse Sandwich

Zubereitungszeit: 15 Minuten
Portionen: 2
Zutaten:

- 1 Dose Thunfisch, im eigenen Saft
- 1 Frühlingszwiebel
- 2 Scheiben Käse (höchstens 30 % Fett)
- 4 Scheiben Toastbrot
- 2 EL Frischkäse, Natur
- 1 Spritzer Zitronensaft

Zubereitung:

1. Frischkäse und Zitronensaft mischen.
2. 2 Toastscheiben mit Frischkäse bestreichen.
3. Thunfisch mit einer Gabel zerrupfen und auf dem Frischkäse verteilen, Käse darauf legen und mit zweiter Toastscheibe abdecken.

Salate

Tomaten Mango Salat

Zubereitungszeit: 20 Minuten
Portionen: 4
Zutaten:

- 1 Mango
- 500 g Tomaten, am besten gemischte Sorten
- 2 Frühlingszwiebeln
- 1 EL Basilikum, gehackt
- 1 Römersalatherz
- 1 EL Olivenöl
- 2 EL Balsamicoessig
- Salz
- Pfeffer

Zubereitung:

1. Mango halb schneiden, Stein herauslösen, schälen und würfeln.
2. Tomaten waschen und in Spalten schneiden.
3. Salat waschen, Blätter klein rupfen.
4. Frühlingszwiebeln waschen und in Ringe schneiden.
5. Essig, Öl, Salz und Pfeffer zu einem Dressing mischen. Alle Zutaten zusammenmischen.

Fenchelsalat mit Grapefruit

Zubereitungszeit: 25 Minuten
Portionen: 4
Zutaten:

- 1 Prise Zucker
- 4 Knollen Fenchel
- 2 EL Rotweinessig
- 2 Grapefruits
- 4 EL Sesamöl
- Salz
- Pfeffer

Zubereitung:

1. Öl, Essig, Zucker, Salz und Pfeffer zu einem Dressing mischen.
2. Grapefruit schälen und Filets zwischen den Trennhäuten herausschneiden. Saft dabei auffangen.
3. Fenchel waschen, halb schneiden, Strunk herausschneiden und in Streifen schneiden.
4. Fenchel mit dem Dressing mischen und auf Teller geben. Grapefruit darüber verteilen.

Salat mit Hähnchenbrust & Avocado

Zubereitungszeit: 45 Minuten
Portionen: 2
Zutaten:

- 2 Hähnchenbrustfilets, 350 g
- 1 Limette
- 2 EL Olivenöl
- 1 Friséesalat
- 125 g Joghurt, Natur (0,3 % Fett)
- 1 Grapefruit, rosa
- 1 TL Currypulver
- Avocado
- 1 Schalotte, rot
- Salz
- Pfeffer

Zubereitung:

1. Salat waschen und Blätter klein rupfen.
2. Schalotte schälen und würfeln.
3. Saft aus der Limette auspressen.
4. Grapefruit schälen und Filets heraustrennen.
5. Avocado halb schneiden, Kern entfernen, schälen und Fruchtfleisch in Spalten schneiden.
6. Hähnchen waschen, abtupfen, salzen und pfeffern.
7. In einer Pfanne Öl erhitzen und Hähnchen je Seite 3 Minute braten. Soviel Wasser dazugeben, dass der Boden der Pfanne bedeckt ist, abdecken und 4 Minuten garen lassen.
8. Hähnchen aus der Pfanne nehmen und in Streifen schneiden.
9. Joghurt, Currypulver, Öl, Salz, Pfeffer und 1 EL Limettensaft mischen.
10. Gemüse und Hähnchen mischen, auf einen Teller geben und Joghurtdip dazu servieren.

Blutorangensalat mit Vanille

Zubereitungszeit: 20 Minuten
Portionen: 2
Zutaten:

- 1 Orange
- 1 Vanilleschote
- 3 Blutorangen
- 3 EL Kokosblütenzucker
- 1 EL Minze, gehackt

Zubereitung:

1. Vanilleschote der Länge nach aufschneiden und Mark herauskratzen.
2. Orangen und Blutorangen schälen und Filets zwischen den Trennhäuten herausschneiden.
3. Alle Zutaten zusammenmischen und 5 Minuten ziehen lassen.

Bulgursalat mit Melone und Tzatziki

Zubereitungszeit: 45 Minuten
Portionen: 2
Zutaten:

- 1 EL Minze, gehackt
- ½ Gurke
- 60 g Bulgur
- 700 g Wassermelonenfruchtfleisch
- 150 g Joghurt, Natur (0,3 % Fett)
- 2 TL Olivenöl
- 2 Knoblauchzehen
- 1/2 Bund Petersilie
- 2 TL Zitronensaft
- 1 Prise Cayennepfeffer
- Salz

Zubereitung:

1. In einem Topf 200 ml Wasser erhitzen, Bulgur dazugeben, 1 Prise Salz untermischen, abdecken und 20 Minuten bei geringer Hitze köcheln lassen.
2. Wassermelonenfruchtfleisch würfeln.
3. Gurke schälen, der Länge nach halb schneiden, Kerne mit einem Teelöffel herauskratzen und Gurke raspeln. Mit Salz, Joghurt, Minze, Cayennepfeffer und Minze mischen.
4. Petersilie waschen und fein hacken.
5. Knoblauch schälen, durch eine Knoblauchpresse pressen und mit 1 EL Olivenöl mischen.
6. Bulgur in eine Schüssel geben, mit Petersilie, Knoblauchöl und Melone mischen.
7. Bulgursalat auf Teller geben und Dip dazu servieren.

Blattsalat mit Forellenfilet

Zubereitungszeit: 20 Minuten
Portionen: 2
Zutaten:

- 2 Forellenfilets, 200 g
- 1 Orange
- 1 Römersalatherz
- 150 g Joghurt, Natur (0,3 % Fett)
- 1 TL Wasabi Paste
- 1 Radicchio
- Salz
- Pfeffer

Zubereitung:

1. Orange schälen und Filets mit einem Messer zwischen den Trennwänden herauslösen.
2. Römersalat und Radicchio waschen und klein rupfen.
3. Joghurt, Wasabipaste, Salz und Pfeffer mischen.
4. Alle Zutaten ohne Forelle mischen und auf Teller geben.
5. Forellenfilets kleiner schneiden und darauf legen.

Papaya Gurken Salat

Zubereitungszeit: 40 Minuten
Portionen: 4
Zutaten:

- 1 EL Honig
- 2 Papayas
- 1 EL Olivenöl
- 2 Gurken
- 1 EL Minze, gehackt
- 2 Zitronen, Bio
- ½ Bund Schnittlauch
- Salz

Zubereitung:

1. Schnittlauch waschen und in Röllchen schneiden.
2. Papayas schälen, der Länge nach in Viertel schneiden, Kerne entfernen und würfeln.
3. Gurke schälen und würfeln. Mit Papaya mischen.
4. Eine Zitrone mit heißem Wasser abwaschen und 1 TL Schale abreiben. Saft auspressen.
5. Zweite Zitrone schälen, Filets zwischen den Trennhäuten herausschneiden und klein schneiden.
6. Zitronenfilets, Papaya, Gurke, Zitronenschale und 1 EL Zitronensaft mischen.
7. Öl, Schnittlauch, Minze, Honig und Salz mischen.
8. Alle Zutaten zusammengeben und mischen.

Blattsalate mit Himbeeren

Zubereitungszeit: 25 Minuten
Portionen: 4
Zutaten:

- 100 g Himbeeren
- 150 ml Orangensaft
- 4 EL Rapsöl
- 1 EL Senf, mittelscharf
- 1 Römersalat
- 2 EL Balsamicoessig
- 1 Radicchio
- Salz
- Pfeffer

Zubereitung:

1. Beide Salate waschen und klein rupfen.
2. Himbeeren waschen.
3. Orangensaft in einen Topf geben und so einkochen, dass danach nur noch 13 der Flüssigkeit vorhanden ist. Mit Senf, Essig, Salz und Pfeffer zu einem Dressing mischen.
4. Salate mit dem Dressing mischen und auf Teller verteilen.
5. Himbeeren darüber geben.

Rote Beete Salat mit Putenbrust

Zubereitungszeit: 15 Minuten
Portionen: 2
Zutaten:

- 2 TL Senf, süß
- 3 Stangen Staudensellerie
- 1 EL Olivenöl
- 150 g Putenbrust, in Scheiben
- 2 EL Apfelessig
- 300 g Rote Beete, vorgekocht, vakuumiert
- 3 EL Gemüsebrühe
- Salz
- Pfeffer

Zubereitung:

1. Putenbrust in Streifen schneiden.
2. Rote Beete mit Handschuhen verarbeiten, weil diese sonst auf die Hände abfärbt. Rote Beete in Scheiben schneiden und in eine Schüssel geben.
3. Staudensellerie waschen und in Scheiben schneiden.
4. Essig, Senf, Salz, Pfeffer und Brühe zu einem Dressing mischen. Erst danach das Öl dazu rühren.
5. Alle Zutaten zusammenmischen.

Zuckerschotensalat

Zubereitungszeit: 30 Minuten
Portionen: 2
Zutaten:

- 1 Chilischote, rot
- ½ Radicchio
- 1 Limette
- ½ Lollo Bionda Salat
- 2 TL Rapsöl
- 300 g Zuckerschoten
- 1 Papaya
- Salz
- Pfeffer

Zubereitung:

1. Beide Salatsorten waschen und klein rupfen.
2. Zuckerschoten waschen, 3 Minuten in einem Topf mit Salzwasser kochen, abgießen und in Drittel schneiden.
3. Chilischote der Länge nach aufschneiden, Kerne entfernen, waschen, fein hacken und in eine Schüssel geben.
4. Papaya halb schneiden, Kerne entfernen und würfeln.
5. Saft aus der Limette pressen. Chili, Salz, Pfeffer und 2 EL Limettensaft mischen und danach das Öl unterrühren.
6. Alle Zutaten zusammenmischen.

Salat mit Hähnchen & Äpfeln

Zubereitungszeit: 45 Minuten
Portionen: 4
Zutaten:

- 2 Frühlingszwiebeln
- 400 g Hähnchenbrustfilets
- 100 g Schmand
- 1 EL Olivenöl
- 125 g Joghurt, Natur (0,3 % Fett)
- 2 Äpfel
- 2 EL Worchestersoße
- 1 Chicorée
- 2 Stangen Staudensellerie
- Salz
- Pfeffer

Zubereitung:

1. Äpfel waschen und in Viertel schneiden. Kerngehäuse entfernen und in Spalten schneiden.
2. Hähnchenbrust abwaschen, abtupfen, salzen und pfeffern.
3. In einer Pfanne Öl erhitzen, Hähnchenbrust je Seite 3 Minuten braten. 150 ml Wasser dazugeben, abdecken und 4 Minuten garen lassen. Danach in Streifen schneiden.
4. Frühlingszwiebeln waschen und in Ringe schneiden.
5. Sellerie waschen und in Ringe schneiden.
6. Chicorée waschen, der Länge nach aufschneiden, den Strunk in der Mitte entfernen und danach in Streifen schneiden.
7. Worchestersoße, Salz, Pfeffer und Schmand mischen.
8. Alle Zutaten zusammenmischen.

Salat mit Birnen & Bohnen

Zubereitungszeit: 40 Minuten
Portionen: 2
Zutaten:

- ½ Bund Schnittlauch
- 400 g Bohnen, grün
- 1 EL Agavensirup
- 1 EL Olivenöl
- 2 EL Balsamicoessig
- 1 Birne
- Salz
- Pfeffer

Zubereitung:

1. Bohnen waschen, in einem Topf mit Salzwasser 8 Minuten kochen, mit kaltem Wasser abspülen und halb schneiden.
2. Schnittlauch waschen und in Ringe schneiden.
3. Öl, Essig, Salz, Pfeffer und Agavensirup zu einem Dressing mischen.
4. Birne waschen, in Viertel schneiden, Kerngehäuse entfernen, schälen und würfeln.
5. Alle Zutaten zusammenmischen.

Suppen & Eintöpfe

Tomaten Polenta Suppe

Zubereitungszeit: 30 Minuten
Portionen: 2
Zutaten:

- 50 g Feta (9 % Fett)
- 6 Tomaten
- 1 TL Basilikum, gehackt
- 500 ml Gemüsebrühe
- 1 TL Paprikapulver, rosenscharf
- 50 g Maisgrieß
- 1 Knoblauchzehe
- 1 TL Rosmarin, gehackt
- 2 Schalotten
- 2 TL Olivenöl
- Salz
- Pfeffer

Zubereitung:

1. Schalotte und Knoblauch schälen und fein hacken.
2. Tomaten waschen und fein würfeln.
3. Brühe in einen Topf geben und aufkochen. Maisgrieß einrühren. Hälfte der Tomaten und Rosmarin untermischen, abdecken und 12 Minuten bei geringer Hitze garen lassen.
4. In einer Pfanne Öl erhitzen, Schalotten, Knoblauch und restliche Tomaten 2 Minuten braten, abdecken und bei geringer Hitze 6 Minuten garen lassen.
5. Feta mit einer Gabel klein drücken.
6. Suppe pürieren. Danach alle anderen Zutaten unterrühren und aufkochen.

Zitronengrassuppe mit Steinbeißer Filet

Zubereitungszeit: 30 Minuten
Portionen: 2
Zutaten:

- 1 TL Ingwer, gerieben
- 4 Champignons
- 1 Chilischote, rot
- 1 TL Koriander, gehackt
- 3 Stängel Zitronengras
- 1 Limette
- 1 EL Rapsöl
- 2 EL Fischsoße
- 500 ml Gemüsebrühe
- 200 g Steinbeißer Filet
- 1 Knoblauchzehe

Zubereitung:

1. Knoblauch schälen und fein hacken.
2. Chili der Länge nach aufschneiden, Kerne entfernen, waschen und fein hacken.
3. Pilze in Scheiben schneiden.
4. Zitronengras waschen und in grobe Stücke schneiden.
5. In einem Topf Öl erhitzen und Zitronengras 1 Minute andünsten. Hälfte der Chilischote dazugeben. Brühe dazugießen, 20 Minuten bei mittlerer Hitze köcheln lassen.
6. Suppe durch ein Sieb gießen und Brühe dabei auffangen.
7. Limette halb schneiden und Saft auspressen.
8. Fischsoße mit 2 EL Limettensaft mischen. Zusammen mit der Brühe, Knoblauch, Ingwer, restlicher Chilischote und Pilzen in einen Topf geben und aufkochen.
9. Steinbeißer unter kaltem fließendem Wasser abwaschen, abtupfen und in Würfeln von 1 cm schneiden.
10. Fisch mit in die Suppe geben, abdecken und 4 Minuten ziehen lassen. Suppe vor dem Servieren mit Koriander bestreuen.

Kichererbsen-Suppe

Zubereitungszeit: 30 Minuten
Portionen: 3
Zutaten:

- 300 g Blattspinat
- 1 l Gemüsebrühe
- 1 Zwiebel
- 1 Knoblauchzehe
- 1 Karotte
- 1 Stange Staudensellerie
- 2 EL Olivenöl
- 150 g Kichererbsen
- 1 Prise Salz
- 1 Prise Pfeffer

Zubereitung:

1. Den Spinat auftauen lassen. In der Zwischenzeit die Brühe in einem Topf aufkochen lassen. Zwiebel und Knoblauch schälen und fein hacken.
2. Die Karotte und den Sellerie gründlich waschen und in feine Scheiben schneiden.
3. Nun das Olivenöl in einem weiteren Topf erhitzen und das Gemüse darin kurz anbraten. Die Kichererbsen abtropfen lassen und zusammen mit der heißen Brühe in den Topf geben. Alles 10 Minuten köcheln lassen. Mit Salz und Pfeffer würzen und abschließend den Spinat hinzugeben.

Rote Bete Suppe mit frischen Kräutern

Zubereitungszeit: 55 Minuten
Portionen: 4
Zutaten:

- 500 g Rote Rübe (Rote Bete), roh
- 300 g Knollensellerie, roh
- 500 g Gemüse Fond, selbstgemacht
- 3 Schalotten
- 2 Knoblauch Zehen
- 1 Pfefferschote (Chili) roh
- 8 Stängel Koriander, frisch
- 1 Zitrone
- 1 Prise Meersalz
- 1 Prise Pfeffer schwarz
- 1 TL Fünf Gewürze Pulver
- 1 Sternanis
- 1 Prise Muskatnuss getrocknet
- 2 EL Olivenöl

Zubereitung:

1. Knollensellerie und Rote Bete schälen und in kleine Würfel schneiden. Schalotten und Knoblauch abpellen und fein würfeln.
2. Das Olivenöl in einem großen Topf erhitzen. Schalotten und Knoblauch darin anbraten. Knollensellerie und Rote Bete dazu geben und alles etwa 5 Minuten unter Rühren anschwitzen.
3. Das Gemüse mit etwas Fond ablöschen, anschließend mit dem restlichen Fond auffüllen und ca. 40 Minuten bei mittlerer Temperatur kochen lassen. Nach 20 Minuten Fünf-Gewürze-Pulver und Sternanis dazu geben.
4. Die Hälfte der Suppe mit dem Stabmixer pürieren, damit sie schön sämig wird. Alles zurück in den Topf und zusammen noch einmal kurz aufkochen. Mit frischem Zitronensaft, Salz, Pfeffer und Muskatnuss abschmecken.
5. Den Koriander hacken. Chilischote in feine Ringe schneiden. Suppe in Schüsseln füllen, mit Koriander und Chilischote servieren.

Scharfe Gazpacho-Suppe mit Bohnen

Zubereitungszeit: 35 Minuten
Portionen: 2
Zutaten:

- 800 g aus der Dose Tomatenstücke Natur Konserve
- 2 mittlere Zwiebeln, rot
- 2 Knoblauch Zehen
- 2 Limette frisch gepresst
- 200 g Bohnen weiß dick Konserve abgetropft gekocht
- 2 EL Olivenöl
- 1 TL Kreuzkümmel getrocknet
- 1 TL Paprika Pulver
- 1 Prise Chili (Cayennepfeffer)
- 1 Prise Meersalz

Zubereitung:

1. Tomaten in einen großen Topf geben. Zwiebeln schälen und fein würfeln. Knoblauch schälen und mit der Knoblauchpresse ausdrücken. Limetten halbieren und auspressen. Chilischote halbieren, entkernen und in kleine Stücke hacken. Alles zu den Tomaten geben und verrühren.
2. Olivenöl, Kümmel, Paprika, Cayennepfeffer und Salz zur Suppe geben und gut verrühren. Bohnen in ein Sieb abgießen und unter fließendem Wasser abspülen. Bohnen zur Suppe geben und vermischen. Gazpacho mit Salz noch einmal abschmecken, nach Belieben mit Kräutern servieren.

Blumenkohl-Kohlrabi-Suppe

Zubereitungszeit: 35 Minuten

Portionen: 4

Zutaten:

- 400 g Blumenkohl, in kleine Röschen geteilt
- 2 Kartoffeln, festkochend
- 2 Möhren
- 2 Kohlrabi (ca. 400 g)
- 2 EL Olivenöl
- 800 ml Gemüsefond
- Salz und Pfeffer, schwarzer aus der Mühle

Zubereitung:

1. Die Blumenkohlröschen waschen und abtropfen lassen. Die Kartoffeln schälen, waschen, trocken tupfen und in 1 cm große Würfel schneiden. Die Möhren putzen, schälen, waschen und klein würfeln. Die Kohlrabi putzen, dabei das Grün beiseitelegen, schälen, waschen und ebenfalls klein würfeln.
2. In einem großen Topf das Olivenöl erhitzen und das vorbereitete Gemüse darin kurz andünsten. Dann mit dem Gemüsefond ablöschen; aufkochen lassen und dann zugedeckt bei kleiner Hitze in 12 bis 15 Minuten gar köcheln lassen.
3. Die Suppe mit Salz und Pfeffer würzig abschmecken. Anschließend auf Suppenteller oder -schalen verteilen mit etwas Kohlrabigrün garnieren und etwas schwarzen Pfeffer darüber mahlen.

Curry-Mango Suppe

Zubereitungszeit: 20 Minuten
Portionen: 4
Zutaten:

- 1 Dose Mango
- 1 Dose Kokoscreme (light), 400 g
- 5 TL, gehäuft mildes Currypulver
- 1 TL, gehäuft Brühe, gekörnte
- 100 ml Wasser
- 1/2 Frühlingszwiebel

Zubereitung:

1. Die Mango mit Saft und Kokoscreme in einen Topf geben. Pürieren und den Curry nach und nach zugeben. Gekörnte Brühe und Wasser zugeben, langsam erhitzen.
2. Mit geschnittenen Frühlingszwiebeln garnieren und genießen.

Süßkartoffeln-Ingwer Suppe

Zubereitungszeit: 25 Minuten
Portionen: 3
Zutaten:

- 400 g Süßkartoffeln
- 20 g Ingwer
- 2 Knoblauchzehen
- 4 TL Olivenöl
- 400 ml Gemüsebrühe
- 100 ml Kokosmilch
- 4 Frühlingszwiebeln
- 2 TL Gewürzmischung
- Limettenschale, unbehandelt, abgerieben
- 2 EL Koriander

Zubereitung:

1. Süßkartoffeln, den Ingwer und die Knoblauchzehe grob hacken, dann in 1 TL Olivenöl dünsten. Die Brühe und die Kokosmilch hinzugeben und 15 Minuten lang köcheln lassen, dann pürieren.
2. Für das leckere Topping die Frühlingszwiebeln in feine Streifen schneiden und mit dem Gewürzmischung in 1 TL Olivenöl dünsten. Mit etwas Limettenabrieb und einem 1 EL Koriander anrichten.

Linsensuppe mit Kartoffeln und Kräutern

Zubereitungszeit: 45 Minuten
Portionen: 4
Zutaten:

- 1 kleine Zwiebel, ca. 80 g
- 1 TL Olivenöl
- 400 g Kartoffeln, festkochend
- 100 g Linsen, braun
- 750 ml Wasser, heiß
- 3 TL, gehäuft Gemüsebrühe, Pulver
- Salz und Pfeffer
- Bohnenkraut
- Schnittlauch

Zubereitung:

1. Zwiebel schälen, vierteln, zerkleinern und mit dem Olivenöl 2 Minuten anbraten. Kartoffeln schälen, gründlich waschen, würfeln (ca. 1 cm Stücke) und zusammen mit den Linsen, heißem Wasser und Gemüsebrühepulver 35 Minuten kochen lassen.
2. Abschließend nach Belieben würzen und Bohnenkraut oder Schnittlauch hinzugeben.

Paprikasuppe mit Vanille

Zubereitungszeit: 40 Minuten
Portionen: 4
Zutaten:

- 400 g rote Paprika
- 1 große Vanilleschote
- Salz und Pfeffer
- 2-3 EL Olivenöl

Zubereitung:

1. Die Paprikaschoten gut putzen, in kleine Stücke schneiden und in einen Kochtopf geben.
2. Die Vanilleschote der Länge nach halbieren und das Mark mit der stumpfen Seite des Messers herauskratzen. Sowohl die Schote als auch das Mark zu den Paprikastücken in den Topf geben.
3. Wasser in den Topf zugeben, sodass die Paprika eben so bedeckt ist. Salz zugeben und auf mittlerer Flamme für 20 Minuten köcheln lassen.
4. Zuletzt noch die Vanilleschote entfernen und alles mit dem Pürierstab zu einer homogenen Suppe mixen. Das Olivenöl zugeben und genießen.

Steinpilz-Kartoffel-Suppe

Zubereitungszeit: 55 Minuten
Portionen: 2
Zutaten:

- 20 g Steinpilze (getrocknet)
- 2 Stück Schalotten
- 1 Stück Karotte (groß)
- 150 g Knollensellerie
- 1 Petersilienwurzel
- 500 g Kartoffeln (mehlig)
- 1 Stange Lauch
- 2 EL Olivenöl
- 800 mg Gemüsebrühe
- 1 Prise Salz
- 1 Prise Vanillepfeffer
- 1 Prise Muskatnuss
- 1/2 TL Chili ancho
- 1 TL Olivenöl

Zubereitung:

1. Getrockneten Steinpilze gut säubern. Mit 1/4 Liter kochendem Wasser übergießen und zugedeckt etwa 20 Minuten einweichen.
2. Inzwischen die Schalotten schälen und fein würfeln. Karotten, Sellerie, Petersilienwurzel und Kartoffeln gut waschen und in grobe Würfel schneiden. Den Lauch ebenfalls gründlich waschen und in Ringe schneiden. Die Steinpilze durch ein feines Sieb abgießen, ausdrücken und klein schneiden. Dabei die Einweichflüssigkeit auffangen.
3. Die Schalotten im Olivenöl glasig dünsten. Karotten, Sellerie und Petersilienwurzel zugeben und unter Rühren etwa 3 Minuten anbraten.
4. Brühe, Pilze und Pilzflüssigkeit dazugeben, aufkochen und zugedeckt etwa 5 Minuten köcheln lassen. Dann die Kartoffeln und den Lauch zugeben und etwa 20 Minuten zugedeckt weiterköcheln, bis die Kartoffeln und das andere Gemüse gar sind.
5. Nun alles mit einem Pürierstab schön fein pürieren. Je nach gewünschter Konsistenz etwas mehr Brühe zugeben. Mit Salz, Vanillepfeffer, Muskatnuss und Chili würzen.
6. Mit Olivenöl beträufeln und servieren.

Bohnen Orangen Suppe mit Ente

Zubereitungszeit: 1 Stunde & 20 Minuten
Portionen: 2
Zutaten:

- 2 Orangen, Bio
- 80 g weiße Bohnen, aus dem Glas
- 80 g Entenbrustfilet, ohne Haut
- ½ TL Fenchelsamen
- 100 ml Gemüsebrühe
- 3 Schalotten
- 1 EL Estragon, gehackt
- 1 Stange Staudensellerie
- 1 Lorbeerblatt
- Salz
- Pfeffer

Zubereitung:

1. Bohnen durch ein Sieb abgießen, mit kaltem Wasser abspülen und in einen Topf geben. 200 ml Wasser; Estragon und Fenchelsamen dazugeben, abdecken und bei geringer Hitze 20 Minuten köcheln lassen.
2. Staudensellerie waschen und in Ringe schneiden.
3. Schalotten waschen und würfeln.
4. Eine Orange mit heißem Wasser abwaschen und 2/3 der Schale abreiben. Orange danach ganz schälen und Filets zwischen den weißen Trennhäuten herausschneiden. Zweite Orange halb schneiden und Saft auspressen.
5. Sellerie, Hälfte der Orangenschale, Lorbeer und Schalotten zur Suppe im Topf geben, abdecken und 20 Minuten weitergaren.
6. Haut von der Ente abziehen. Ente im Ganzen in die Brühe geben, abdecken und 20 Minuten mit garen lassen.
7. Ente und Lorbeer aus der Suppe nehmen. Ente salzen und pfeffern und in Alufolie wickeln.
8. Suppe im Topf pürieren. 100 ml Orangensaft Orangenfilets, Estragon, Salz und Pfeffer dazugeben und mischen.
9. Ente aus der Folie nehmen und in Streifen schneiden.
10. Suppe in Teller geben und Ente darauf verteilen.

Suppe mit Gemüse, Reis & Rinderbrust

Zubereitungszeit: 2 Stunden & 15 Minuten
Portionen: 4
Zutaten:

- 2 Gewürznelken
- 3 EL Senf, scharf
- 500 g Karotten
- 1 EL Majoran, gehackt
- 1 Stange Lauch
- 1 Schalotte
- 1 Stange Lauch
- 2 Lorbeerblätter
- 125 g Rundkornreis
- 600 g Rinderbrust, mager
- 6 Pfefferkörner, schwarz
- Salz
- Pfeffer

Zubereitung:

1. In einem großen Topf 2,5 Liter Wasser zum Kochen bringen und Senf einrühren.
2. Fleisch unter kaltem, fließendem Wasser abspülen, abtupfen und in den Topf geben.
3. Schalotte schälen und in Spalten schneiden. Mit Lorbeer, Nelken, Majoran, Pfefferkörnern und 1 TL Salz in den Topf geben, abdecken und 1 ½ Stunden bei geringer Hitze garen lassen.
4. Lauch waschen und in Streifen schneiden.
5. Karotten schälen und in dünne Scheiben schneiden.
6. Fleisch aus dem Topf nehmen und auf einen Teller legen.
7. Brühe durch ein Sieb abgießen und 1,5 Liter auffangen. Diese wird in den Topf zurückgegeben.
8. Lauch, Fleisch und Reis und Karotten in die Brühe geben und 20 Minuten, zugedeckt bei geringer Hitze köcheln lassen.
9. Fleisch wieder aus der Brühe nehmen, Fett abschneiden und entsorgen. Nur das magere Fleisch in dünne Scheiben schneiden.
10. Suppe auf Teller geben und Fleisch in Scheiben darauf verteilen.

Linsensuppe mit Curry

Zubereitungszeit: 20 Minuten
Portionen: 2
Zutaten:

- ½ Stange Staudensellerie
- 40 g Tellerlinsen, rot
- 2 TL Currypulver
- 400 ml Gemüsebrühe
- 2 EL Joghurt (0,3 % Fett)
- Salz
- Pfeffer

Zubereitung:

1. Sellerie waschen und in Scheiben schneiden.
2. Brühe in einen Topf geben und aufkochen. Linsen und Curry dazugeben, abdecken und bei geringer Hitze 6 Minuten garen.
3. Sellerie dazugeben und nochmals 6 Minuten kochen. Suppe salzen und pfeffern, aufkochen und auf Teller geben.
4. Auf jeden Teller etwas Joghurt verteilen.

Gemüseeintopf mit Tofu & Kartoffeln

Zubereitungszeit: 35 Minuten
Portionen: 2
Zutaten:

- 1 Stange Lauch
- 2 Kartoffeln
- 700 ml Gemüsebrühe
- 1 Sellerie
- 450g Erbsen, TK
- 1 Karotte
- 100 g Tofu, geräuchert
- 2 Lorbeerblätter
- 1 Prise Muskat
- ½ Bund Schnittlauch
- Salz
- Pfeffer

Zubereitung:

1. Lauch waschen und in Ringe schneiden.
2. Karotte, Kartoffeln und Sellerie schälen und würfeln.
3. Brühe in einem Topf erhitzen. Lorbeerblätter, Kartoffeln, Sellerie und Karotte dazugeben und aufkochen.
4. Lauch und gefrorene Erbsen dazugeben, abdecken und bei mittlerer Hitze 15 Minuten garen lassen.
5. Tofu in kleine Würfel schneiden. Zusammen mit Muskat in den Eintopf geben und 4 Minuten garen.
6. Schnittlauch waschen und in Röllchen schneiden. Eintopf in Teller geben und Schnittlauch darüber streuen.

Nudelsuppe mit Garnelenbällchen

Zubereitungszeit: 1 Stunde & 20 Minuten
Portionen: 4
Zutaten:

- 1 Zitrone, Bio
- 150 g Mie Nudeln
- 1 Liter Geflügelbrühe
- 2 TL Sesamöl
- 1 Sternanis
- 350 g Garnelen, küchenfertig, ohne Schale und ohne Kopf
- 200 g Zuckerschoten
- 3 EL Sojasoße
- 1 Bund Frühlingszwiebeln
- 1 Ei
- 1 TL Ingwer, gerieben
- Salz
- Pfeffer

Zubereitung:

1. Nudeln nach Anweisung garen. Danach in ein Sieb abgießen, kurz abtropfen lassen und in einer Schüssel mit Sesamöl mischen.
2. Frühlingszwiebeln waschen und fein hacken.
3. Zuckerschoten waschen und in Streifen schneiden.
4. Garnelen waschen, abtupfen und mit einem Messer klein hacken.
5. 1 EL Frühlingszwiebeln, Ei, Garnelen, 1 Prise Salz und Pfeffer mischen. Aus der Masse kleine Bällchen formen.
6. In einem Topf 2 Liter Wasser aufkochen, danach Hitze so herunterschalten, dass das Wasser nur noch siedet. Bällchen vorsichtig in das Wasser gleiten lassen, 3 Minuten gar ziehen lassen, aus dem Wasser nehmen und auf einen Teller geben.
7. Zitrone mit heißem Wasser abwaschen und 1 TL Schale abreiben. Saft auspressen.
8. Brühe in einem Topf aufkochen. Sternanis, Zitronenschale, restliche Frühlingszwiebeln und 2 TL Zitronensaft dazugeben und aufkochen.
9. Alle restlichen Zutaten in die Suppe geben und erhitzen. Vor dem Servieren Sternanis herausnehmen.

Glasnudelsuppe mit Hähnchen

Zubereitungszeit: 30 Minuten
Portionen: 2
Zutaten:

- 200 g Hähnchenbrustfilet
- 50 g Glasnudeln
- 50 g Zuckerschoten
- 50 g Shiitakepilze
- 2 Frühlingszwiebeln
- Saft einer halben Limette
- 1 TL Ingwer, gerieben
- 1 EL Sojasoße
- 750 ml Geflügelbrühe

Zubereitung:

1. Nudeln nach Anweisung zubereiten.
2. Pilze mit einem Pinsel abreiben, Stiel entfernen und vierteln.
3. Zuckerschoten waschen und in Stücke schneiden.
4. Frühlingszwiebeln waschen und in Ringe schneiden.
5. Brühe in einen Topf geben und erhitzen.
6. Hähnchen unter kaltem fließendem Wasser abwaschen, abtupfen und zusammen mit den Pilzen und dem Ingwer 12 Minuten bei mittlerer Hitze in der Suppe garen.
7. Nach 4 Minuten Garzeit Frühlingszwiebeln und Zuckerschoten dazugeben.
8. Hähnchen aus der Brühe nehmen und in Würfel schneiden.
9. Alle Zutaten, aber nur die Hälfte der Frühlingszwiebeln in die Suppe geben und aufkochen. 5 Minuten ziehen lassen und servieren.
10. Suppe in Teller geben und restliche Frühlingszwiebeln darüber streuen.

Brokkolisuppe

Zubereitungszeit: 15 Minuten
Portionen: 4
Zutaten:

- 700 ml Gemüsebrühe
- 500 g Brokkoli, in Rösschen
- 1 Knoblauchzehe
- 2 Karotten
- 1 Schalotte
- 2 EL Olivenöl
- ½ Stange Lauch
- 1 Prise Muskat
- Salz
- Pfeffer

Zubereitung:

1. Brokkoli waschen.
2. Karotten, Schalotte und Knoblauch schälen und würfeln.
3. Lauch waschen und in dünne Ringe schneiden.
4. In einem Topf Öl erhitzen, Schalotten und Knoblauch 1 Minute braten. Lauch dazugeben und 2 Minuten garen.
5. Alle anderen Zutaten dazugeben und Suppe 20 Minuten kochen.
6. Suppe pürieren und auf Teller geben.

Zucchini Suppe

Zubereitungszeit: 30 Minuten
Portionen: 2
Zutaten:

- 400 ml Gemüsebrühe
- 1 Fenchel
- 1 EL Tomatenmark
- 2 Knoblauchzehen
- 1 EL Speisestärke
- 2 EL Olivenöl
- 4 Frühlingszwiebeln
- 1 TL Basilikum, gehackt
- 1 EL Sojacreme
- 400 g Zucchini
- Salz
- Pfeffer

Zubereitung:

1. Zucchini waschen, der Länge nach halb und dann in Halbringe schneiden.
2. Knoblauch schälen und würfeln.
3. Fenchel waschen, halb schneiden, harten Strunk herausschneiden und in Streifen schneiden.
4. Frühlingszwiebeln waschen und in Ringe schneiden.
5. In einem Topf Öl erhitzen. Schalotten, Fenchel und Knoblauch 2 Minuten andünsten. Alle anderen Zutaten ohne Speisestärke und Sojacreme dazugeben und 10 Minuten garen lassen.
6. Stärke einrühren und Suppe aufkochen.
7. Sojacreme untermischen und Suppe auf Teller geben.

Spinatsuppe

Zubereitungszeit: 30 Minuten
Portionen: 2
Zutaten:

- 500 g Blattspinat
- 800 ml Gemüsebrühe
- 1 Prise Muskat
- 1 Karotte
- 1 Kartoffel
- 1 EL Sojacreme
- Salz
- Pfeffer

Zubereitung:

1. Kartoffel und Karotte schälen und würfeln.
2. Spinat waschen.
3. Brühe in einem Topf erhitzen und alle Zutaten ohne Sojacreme 20 Minuten kochen lassen.
4. Suppe pürieren, Sojacreme untermischen und noch einmal aufkochen.

Karottensuppe

Zubereitungszeit: 30 Minuten
Portionen: 2
Zutaten:

- 300 g Karotten
- 300 ml Gemüsebrühe
- 1 Schalotte
- 1/2 TL Chiliflocken
- 1 Knoblauchzehe
- Salz
- Pfeffer

Zubereitung:

1. Knoblauch, Schalotte und Karotten schälen und würfeln.
2. Brühe in einem Topf aufkochen, alle anderen Zutaten dazugeben, bei mittlerer Hitze 20 Minuten köcheln lassen.
3. Suppe pürieren und servieren.

Hauptgerichte mit Fisch

Nudeln mit Tomatensoße & Sardellen

Zubereitungszeit: 1 Stunde
Portionen: 4
Zutaten:

- 350 g Farfalle Nudeln
- 1 kg Tomaten
- 4 Sardellenfilets, aus dem Glas
- 2 Knoblauchzehen
- 1 EL Majoran, gehackt
- 2 Schalotten
- 3 EL Olivenöl
- Salz
- Pfeffer

Zubereitung:

1. Tomaten waschen und an der Oberseite kreuzförmig einritzen. Tomaten mit kochendem Wasser übergießen, in eine Schüssel mit kaltem Wasser legen, häuten, halb schneiden, Kerne mit einem Teelöffel entfernen und Fruchtfleisch in kleine Würfel schneiden.
2. Knoblauch und Schalotten schälen und würfeln.
3. Nudeln nach Anweisung garen.
4. In einem zweiten Topf Öl erhitzen, Knoblauch und Schalotten 1 Minute garen. Tomaten dazugeben, Majoran untermischen und 15 Minuten bei mittlerer Hitze, abgedeckt garen.
5. Sardellen fein hacken. Mit Salz und Pfeffer in die Soße geben und 5 Minuten köcheln.
6. Nudeln abgießen, auf Teller verteilen und Soße darüber geben.

Garnelen Gemüse Topf

Zubereitungszeit: 40 Minuten
Portionen: 2
Zutaten:

- 2 EL Tomatenmark
- 4 Frühlingszwiebeln
- 100 g Bohnen, grün, TK
- 1 Knoblauchzehe
- 500 ml Gemüsebrühe
- 2 Tomaten
- 2 getrocknete Tomaten
- 1 Lorbeerblatt
- 1 Kohlrabi
- 1 TL Bohnenkraut
- 2 EL Olivenöl
- 150 g Garnelen, küchenfertig, ohne Kopf und ohne Schale
- 1 TL Pfefferkörner, grün
- ½ Bund Schnittlauch
- Salz
- Pfeffer

Zubereitung:

1. Knoblauch schälen und fein hacken.
2. Kohlrabi schälen und würfeln.
3. Frühlingszwiebeln waschen und in Ringe schneiden.
4. Schnittlauch waschen und in Röllchen schneiden.
5. Getrocknete Tomaten würfeln.
6. Frische Tomaten waschen und würfeln.
7. In einem Topf 1 EL Öl erhitzen. Grünen Pfeffer, Lorbeer, getrocknete Tomaten und Tomatenmark dazugeben und 1 Minute braten.
8. Frühlingszwiebeln und Kohlrabi untermischen und 2 Minuten garen.
9. Bohnenkraut, Bohnen, Tomaten und Brühe in den Topf geben. Topf abdecken und alles bei mittlerer Hitze 15 Minuten garen. Zwischendurch rühren.
10. Garnelen unter kaltem, fließendem Wasser abspülen, und abtupfen.
11. Restliches Öl in einer Pfanne erhitzen und Garnelen mit Wenden 5 Minuten braten.
12. Alle Zutaten, auch die Garnelen, in den Gemüsetopf geben, aufkochen und servieren.

Fisch Bolognese mit Gemüse

Zubereitungszeit: 40 Minuten
Portionen: 4
Zutaten:

- 2 Schalotten
- 150 ml Rotwein, trocken
- 3 Knoblauchzehen
- 425 g Tomaten, aus der Dose
- 2 Stangen Staudensellerie
- 1 EL Tomatenmark
- 1 Karotte
- 2 Lorbeerblätter
- 3 EL Olivenöl
- 1 TL Rosmarin, gehackt
- 1 EL Basilikum, gehackt
- 350 g Tagliatelle
- 350 g Rotbarbenfilet
- 1 Prise Zucker
- Salz
- Pfeffer

Zubereitung:

1. Knoblauch und Schalotten schälen und fein würfeln.
2. Nudeln nach Anweisung garen.
3. Karotte schälen und würfeln.
4. Sellerie waschen und würfeln.
5. In einem Topf Olivenöl erhitzen, Knoblauch, Schalotte, Sellerie und Karotte 7 Minuten braten. Salzen, pfeffern und Rotwein dazugeben. 5 Minuten kochen lassen.
6. Alle anderen Zutaten ohne Fisch und ohne Nudeln untermischen und 10 Minuten kochen lassen.
7. Fisch unter kaltem fließendem Wasser abwaschen, abtupfen und in Würfel von 1 cm schneiden. 4 Minuten vor Ende der Kochzeit in die Tomatensoße geben.
8. Nudeln abgießen, auf Teller geben und Soße darüber verteilen.

Kabeljau aus dem Ofen mit Oliven & Tomate

Zubereitungszeit: 1 Stunde
Portionen: 4
Zutaten:

- 12 Oliven, grün, ohne Stein
- 1 Knoblauchzehe
- 1 EL Balsamicoessig
- 1 Orange, Bio
- 3 EL Olivenöl
- 250 g kleine Tomaten, gelb
- 250 g kleine Tomaten, rot
- 4 Kabeljaufilets, gesamt 700 g
- 1 Bund Frühlingszwiebeln
- 1 TL Basilikum gehackt
- 1 TL Kapern, aus dem Glas
- Salz
- Pfeffer

Zubereitung:

1. Orange mit heißem Wasser abwaschen und in Scheiben schneiden.
2. Knoblauch schälen und eine Auflaufform damit einreiben.
3. Ofen auf Grad vorheizen.
4. Frühlingszwiebeln waschen und in Ringe schneiden.
5. Tomaten waschen und halb oder in Viertel schneiden.
6. Oliven in Ringe schneiden.
7. Tomaten, Frühlingszwiebeln, Orangen, Basilikum, Kapern, Salz, Pfeffer, Balsamicoessig und Olivenöl mischen und in die Auflaufform füllen.
8. Fischfilets unter kaltem, fließendem Wasser abspülen, abtupfen und auf das Gemüse geben. Im Ofen 20 Minuten backen.
9. Fisch auf Teller geben und Gemüse daneben verteilen.

Zanderfilet auf Zucchini

Zubereitungszeit: 20 Minuten
Portionen: 2
Zutaten:

- 1 TL Kerbel, gehackt
- 1 Zucchini, gelb
- 120 g Zanderfilet, ohne Haut
- 1 Zucchini, grün
- ½ TL Fenchelsamen
- 2 Frühlingszwiebeln
- 80 ml Gemüsebrühe
- 1 Zitrone, Bio
- Salz
- Pfeffer

Zubereitung:

1. Frühlingszwiebeln waschen und in Ringe schneiden.
2. Zander unter kaltem, fließendem Wasser abwaschen, abtupfen und in 2 Stücke zerteilen.
3. Zucchini waschen, der Länge nach in Viertel und dann in Stücke schneiden.
4. Fenchelsamen mit einem Messerrücken zerdrücken.
5. Brühe in einen Topf geben und aufkochen. Zucchini, Frühlingszwiebeln und Fenchel dazugeben, abdecken und bei geringer Hitze 7 Minuten köcheln.
6. Zitrone mit heißem Wasser abwaschen und in Spalten schneiden.
7. Zander auf das Gemüse im Topf geben, abdecken und 3 Minuten garen.
8. Zander wieder aus dem Topf nehmen, Kerbel zum Gemüse geben, salzen und pfeffern und auf Teller geben.
9. Zander und Zitronenspalten auf das Gemüse geben.

Bandnudeln mit Krebsschwänzen

Zubereitungszeit: 1 Stunde
Portionen: 2
Zutaten:

- ½ Chilischote, rot
- 1 Fenchel
- 2 Frühlingszwiebeln
- 200 g Bandnudeln
- 150 g Flusskrebsschwänze, aus dem Kühlregal
- 1 Zitrone, Bio
- 1 TL Zucker
- 2 EL Olivenöl
- Salz
- Pfeffer

Zubereitung:

1. Chilischote der Länge nach aufschneiden, Kerne entfernen, waschen und fein hacken.
2. Frühlingszwiebeln waschen und in Ringe schneiden.
3. Nudeln nach Anweisung garen.
4. Fenchel waschen, halb schneiden, Strunk herausschneiden und in Streifen schneiden.
5. Flusskrebsschwänze in ein Sieb geben, mit kaltem, fließendem Wasser abspülen und abtropfen lassen.
6. Zitrone mit heißem Wasser abwaschen und trocken reiben. Zitrone halb schneiden. Eine Hälfte in Spalten schneiden und aus der zweiten Spalte den Saft auspressen.
7. Chili und Zitronensaft in eine Schale geben. Krebse dazugeben und 20 Minuten ziehen lassen.
8. Nudeln abgießen, dabei 100 ml vom Kochwasser auffangen.
9. In einer Pfanne Öl erhitzten und Fenchel 5 Minuten mit Wenden braten. Zucker darüber geben und mit Wenden 3 Minuten garen. Flusskrebse mit Marinade und Nudelkochwasser untermischen und 3 Minuten garen.
10. Alle Zutaten ohne Zitronenspalten zusammenmischen, erhitzen und auf Teller geben.
11. Zitronenspalten dazu legen.

Schollenröllchen auf Spinat

Zubereitungszeit: 45 Minuten
Portionen: 2
Zutaten:

- 320 g Schollenfilets, ohne Haut, 8 Filets
- 1 TL Dill, gehackt
- 325 g Spinat
- 1 EL Petersilie, gehackt
- 1 Schalotte
- ½ Bund Schnittlauch
- 1 Prise Muskat
- 1 EL Rapsöl
- 6 EL Sojacreme
- Saft einer halben Zitrone
- Salz
- Pfeffer
- Zahnstocher

Zubereitung:

1. Schnittlauch waschen und in Röllchen schneiden.
2. Schollenfilets unter kaltem, fließendem Wasser abspülen und abtupfen. Zusammenrollen und am besten mit Zahnstochern fixieren.
3. Schalotte schälen und in Streifen schneiden.
4. Spinat waschen. In einer Pfanne 150 ml Wasser erhitzen, Spinat hineingeben und warten, bis er zusammenfällt.
5. In einer Pfanne Öl erhitzen, Schalotten 2 Minuten braten. Muskat, Zitronensaft, Salz und Pfeffer dazugeben. Spinat und Zitronensaft dazugeben.
6. Schollenfilets auf dem Spinat verteilen. Pfanne abdecken und alles bei mittlerer Hitze 8 Minuten garen.
7. Schollenfilets vom Spinat nehmen, alle restlichen Zutaten untermischen und Spinat auf Teller geben. Schollenfilets darauf verteilen.

Seeteufel mit Mangold & Muscheln

Zubereitungszeit: 2 Stunden & 15 Minuten
Portionen: 4
Zutaten:

- 1 Karotte
- 2 Eier
- 500 g Miesmuscheln
- 2 EL Olivenöl
- 125 ml Wermut, trocken
- 300 g Weizenmehl
- 1 EL Weizengrieß
- 1 Knolle Fenchel
- 6 Blätter Mangold
- 2 Schalotten
- 1 EL Kerbel, gehackt
- 150 ml Sojacreme
- 600 g Seeteufelfilet, am Stück
- Salz
- Pfeffer

Zubereitung:

1. In einer Schüssel Eier, 1 EL Öl und Salz mischen, Mehl dazugeben und zu einem Teig kneten. Teig zu einer Kugel formen, in Folie einwickeln und 1 Stunde im Kühlschrank ruhen lassen.
2. Fenchel waschen, halb schneiden, harten Strunk herausschneiden und in Streifen schneiden.
3. Karotten und Schalotten schälen und würfeln.
4. Mangold waschen, den harten Strunk herausschneiden und in einem Topf mit Salzwasser 3 Minuten kochen. Danach mit kaltem Wasser abspülen.
5. Muscheln waschen, alle schon offenen Muscheln müssen sofort entsorgt werden. In einem Topf Öl erhitzen und Fenchel, Schalotte und Karotte 2 Minuten garen. Wermut hinzugießen und Muscheln untermischen. 5 Minuten garen. Muscheln aus dem Topf nehmen und alle noch geschlossenen Muscheln entsorgen. Muschelsud 5 Minuten kochen lassen. Sojacreme, Salz und Pfeffer untermischen.
6. Teig aus dem Kühlschrank nehmen, auf der Arbeitsfläche ausrollen und in lange Streifen schneiden, damit sich Bandnudeln ergeben. Backblech mit Grieß bestreuen und Nudeln darin wenden.
7. Seeteufel unter kaltem, fließendem Wasser abwaschen und abtupfen, Mangold auf der Arbeitsfläche so auslegen, dass die Blätter teilweise übereinander liegen, Fisch darauf geben und zu einer Rolle zusammenrollen. Fischrolle zuerst mit Klarsichtfolie und danach mit Alufolie umwickeln, an den Seiten fest verschließen und in einem Topf 25 Minuten kochen. In einem Topf Wasser aufkochen, Nudeln 4 Minuten kochen.
8. Muscheln wieder in den Muschelsud geben und kurz erhitzen.
9. Fischrolle in Scheiben schneiden. Mit Muscheln und Muschelsud servieren.

Gebratener Seelachs mit Spinat & Orangen

Zubereitungszeit: 50 Minuten
Portionen: 4
Zutaten:

- 4 Seelachsfilets, ohne Haut, je 180 g
- 400 g Blattspinat
- 45 g Weizenmehl
- 4 Orangen
- 2 EL Olivenöl
- 1 Schalotte
- 1 TL geriebene Zitronenschale
- 1 Knoblauchzehe
- 1 TL Honig
- 1 EL Rapsöl
- 100 ml Gemüsebrühe
- Salz
- Pfeffer

Zubereitung:

1. Spinat waschen und harte Stiele abschneiden.
2. Schalotte und Knoblauch schälen und fein hacken.
3. Orangen schälen und die Filets zwischen den Trennhäuten herausschneiden. Dabei den Saft in einer Schüssel auffangen.
4. In einem Topf Rapsöl erhitzen, Knoblauch und Schalotte 1 Minute braten.
5. Orangensaft und Brühe mit zu den Schalotten geben und bei geringer Hitze 5 Minuten köcheln lassen.
6. Fischfilets unter kaltem, fließendem Wasser abspülen, abtupfen, salzen und pfeffern.
7. Auf einem Teller Mehl verteilen und Fisch mit beiden Seiten darin wenden.
8. In einer Pfanne 1 EL Olivenöl erhitzen und Fisch je Seite 5 Minuten braten. Pfanne vom Herd nehmen und Fisch 3 Minuten in der Pfanne gar ziehen lassen.
9. Restliches Olivenöl in einem Topf erhitzen und Spinat hineingeben. Salzen, pfeffern.50 ml Wasser zugeben und 5 Minuten bei geringer Hitze garen lassen.
10. Zitronenschale in die Orangensoße geben und aufkochen. Salzen, pfeffern und Honig untermischen.
11. Fisch auf Teller geben. Spinat dazu servieren und Soße daneben verteilen.

Spaghetti mit Thunfisch & Zitrone

Zubereitungszeit: 1 Stunde
Portionen: 4
Zutaten:

- 400 g Spaghetti
- 300 g Thunfisch, im eigenen Saft
- 2 EL Olivenöl
- 1 Bund Rucola
- 1 Zitrone, Bio
- 1 EL Petersilie, gehackt
- 1 Schalotte, rot
- 2 Knoblauchzehen
- Salz
- Pfeffer

Zubereitung:

1. Knoblauch und Schalotte schälen und fein hacken.
2. Thunfisch in ein Sieb abgießen, danach in eine Schüssel geben und mit einer Gabel zerteilen.
3. Zitrone mit heißem Wasser abwaschen und 2 TL Schale abreiben.
4. Olivenöl, Petersilie, Knoblauch, Zitronenschale, Salz und Pfeffer zum Thunfisch geben, mischen, abdecken und im Kühlschrank 30 Minuten ziehen lassen.
5. Nudeln nach Anweisung garen.
6. Nudeln abgießen und 75 ml Nudelwasser auffangen.
7. Nudelwasser mit Thunfisch mischen.
8. Rucola waschen und Stiele abschneiden.
9. Nudeln auf Teller geben, Thunfisch und Rucola darauf verteilen.

Schollenfilets mit Reis & Salat

Zubereitungszeit: 45 Minuten
Portionen: 2
Zutaten:

- 100 ml Fischfond, im Glas
- 120 g Reis
- 4 Schollenfilets, gesamt 300 g
- 2 Orangen, Bio
- 1 Lorbeerblatt
- 1 EL Weißweinessig
- 100 g Feldsalat
- 1 TL Agavendicksaft
- 3 Schalotten
- 1 TL Senf, mittelscharf
- 2 EL Olivenöl
- Salz
- Pfeffer

Zubereitung:

1. Reis nach Anweisung garen.
2. Schalotten schälen und fein hacken.
3. Feldsalat waschen und abtropfen lassen.
4. Orange mit heißem Wasser abwaschen und Schale abreiben. Orange halb schneiden und Saft auspressen. Zweite Orange schälen, Filets zwischen den Trennhäuten herausschneiden und in kleine Stücke schneiden.
5. Essig, Senf, Agavendicksaft, Hälfte des Orangensaftes, Salz, Pfeffer und 1 EL Öl zu einem Dressing mischen. Schalotte und Orangenstücke dazugeben.
6. Fisch unter kaltem, fließendem Wasser abspülen und abtupfen.
7. In einer Pfanne restliches Öl erhitzen und Fischfond mit restlichem Orangensaft hineingeben. Orangenschale und Lorbeer untermischen, salzen und pfeffern, Schollenfilets in den Sud geben und bei geringer Hitze 5 Minuten gar ziehen lassen.
8. Filets aus der Pfanne nehmen und auf Teller geben. Soße bei hoher Hitze 5 Minuten einkochen lassen und zum Fisch servieren.
9. Reis abgießen und Feldsalat mit dem Dressing mischen. Beides zum Fisch auf die Teller geben.

Zanderfilet mit Karotten & Kartoffeln

Zubereitungszeit: 1 Stunde
Portionen: 4
Zutaten:

- 4 Zanderfilets, gesamt 800 g, ohne Haut
- 300 g Kartoffeln
- 6 Karotten
- 40 ml Orangensaft
- 3 EL Sonnenblumenöl
- 20 g Mehl
- Salz
- Pfeffer

Zubereitung:

1. Mehl auf einen Teller geben.
2. Ofen auf 200 Grad vorheizen.
3. Fisch unter kaltem, fließenden Wasser abspülen, abtupfen und im Mehl wenden.
4. Öl in einer Pfanne erhitzen und Fisch je Seite 2 Minuten braten.
5. Karotten schälen und in Scheiben schneiden.
6. Kartoffel schälen und in Spalten schneiden.
7. Karotten und Kartoffeln in eine Auflaufform geben. Orangensaft darüber gießen. Im Ofen 20 Minuten garen.
8. Fisch auf den Kartoffeln verteilen und weitere 10 Minuten im Ofen garen.

Zoodles (Zucchininudeln) mit Garnelen

Zubereitungszeit: 25 Minuten
Portionen: 2
Zutaten:

- 1 TL Basilikum, gehackt
- 2 EL Chilisoße
- 400 g Kirschtomaten
- 4 Zucchini
- 300 g Garnelen, küchenfertig, ohne Kopf und ohne Schale
- 1 EL Basilikum
- 3 EL Olivenöl
- Salz
- Pfeffer

Zubereitung:

1. Garnelen unter kaltem, fließendem Wasser abspülen, abtupfen und zur Seite stellen.
2. Zucchini waschen, Enden abschneiden und restliche Zucchini mit einem Sparschäler oder Spiralschneider in lange, dünne Streifen schneiden.
3. Tomaten waschen und halb schneiden.
4. In einer Pfanne Öl erhitzen und Garnelen je Seite 1 Minute braten. Chilisoße und Tomaten untermischen und 3 Minuten garen. Salzen und pfeffern.
5. Zucchininudeln (Zoodles) in einem Topf mit Salzwasser 2 Minuten kochen. Abgießen und auf Teller geben.
6. Garnelen mit Tomaten darüber geben und mit Basilikum bestreuen.

Hauptgerichte mit Fleisch

Zitronenhähnchen

Zubereitungszeit: 1 Stunde
Portionen: 2
Zutaten:

- 2 Lorbeerblätter
- 2 Hähnchenbrustfilets, gesamt 400 g
- 2 Gewürznelken
- 1 Schalotte
- 2 Pimentkörner
- 1 Bund Suppengrün
- 1 Kohlrabi
- 1 Zitrone, Bio
- 3 Kartoffeln
- 2 Pfefferkörner, schwarz
- 100 g Erbsen, TK
- Salz

Zubereitung:

1. Das gesamte Suppengrün, waschen, schälen und grob würfeln.
2. Die Schalotte nicht schälen, sondern nur halb schneiden.
3. Hähnchenbrustfilets unter kaltem, fließendem Wasser abspülen und trocken tupfen.
4. Zitrone mit heißem Wasser abspülen und in Scheiben schneiden.
5. Suppengrün, Schalottenhälfte, Lorbeer, Nelken, Pfefferkörner, 500 ml Wasser, Zitronenscheiben und Piment in einen Topf geben, abdecken und 20 Minuten bei geringer Hitze garen lassen.
6. In einer Pfanne Öl erhitzen und Hähnchen darin je Seite 4 Minuten anbraten. Hähnchen mit in den Suppentopf geben und mit den restlichen Zutaten weitergaren.
7. Nach Ende der Garzeit Hähnchenbrust aus dem Topf nehmen.
8. Suppe durch ein Sieb gießen und Brühe dabei auffangen und in einen zweiten Topf geben.
9. Kartoffeln waschen, schälen, würfeln und in die Brühe geben.
10. Erbsen und Hähnchen dazugeben und 5 Minuten garen lassen.
11. Hähnchenbrust aus dem Topf nehmen und auf Teller geben. Kartoffeln und Erbsen mit einem Schaumlöffel aus dem Topf nehmen und je eine Portion bei den Hähnchen verteilen.

Schweinefilet mit Apfel & Kürbis

Zubereitungszeit: 30 Minuten
Portionen: 2
Zutaten:

- 100 ml Gemüsebrühe
- 400 g Hokkaido Kürbisfruchtfleisch
- 240 g Schweinefilet, in 4 Medaillons geschnitten
- 1 Stange Lauch
- 2 Äpfel, säuerlich
- 200 g Rigatoni Nudeln
- 100 ml Sojacreme
- 2 EL
- 2 TL Currypulver
- ½ TL Chiliflocken
- Salz
- Pfeffer

Zubereitung:

1. Kürbisfruchtfleisch würfeln.
2. Nudeln nach Anweisung garen.
3. Lauch waschen und in Streifen schneiden.
4. Filet abtupfen, salzen und pfeffern.
5. In einem Topf 1 EL Öl erhitzen und Lauch mit Kürbis anbraten. Salz, Pfeffer und Brühe untermischen, aufkochen und bei geringer Hitze 8 Minuten garen lassen. Restliches Öl in einer Pfanne erhitzen. Filets je Seite 4 Minuten braten. Fleisch aus der Pfanne nehmen, in Alufolie wickeln und zur Seite legen.
6. Äpfel waschen, vierteln, Kerngehäuse entfernen, schälen und würfeln. Zum Kürbis geben und rühren. Alle anderen Zutaten ohne Nudeln und Filet zum Kürbis geben, einrühren und aufkochen.
7. Nudeln abgießen und auf Teller geben. Filet und Kürbisgemüse daneben verteilen.

Puten Chili mit Kichererbsen

Zubereitungszeit: 25 Minuten
Portionen: 2
Zutaten:

- 400 g Hackfleisch, von der Pute
- 1 Schalotte
- 400 g Tomaten, in Stücken, aus der Dose
- 1 Knoblauchzehe
- 1 Bund Koriander
- 1 Chilischote, rot
- 1 Prise Kreuzkümmel
- 2 EL Öl
- 150 ml Hühnerbrühe
- 240 g Kichererbsen, aus der Dose

Zubereitung:

1. Chili der Länge nach aufschneiden, Kerne entfernen, waschen und fein hacken.
2. Knoblauch und Schalotte schälen und fein hacken.
3. In einem Topf Öl erhitzen und Hackfleisch bei hoher Hitze 4 Minuten braten. Knoblauch, Schalotte, Chili und 1 Prise Salz dazugeben und 2 Minuten braten.
4. Kichererbsen in ein Sieb geben, mit klarem Wasser abspülen und abtropfen lassen.
5. Alle Zutaten mit in den Topf geben und 7 Minuten bei mittlerer Hitze garen lassen.

Brokkoli Honig Hähnchen

Zubereitungszeit: 1 Stunde & 30 Minuten
Portionen: 4
Zutaten:

- 1 Knoblauchzehe
- 400 g Hähnchenbrustfilets
- 500 g Brokkoli, in Rösschen
- 2 TL Sambal Oelek
- 150 ml Gemüsebrühe
- 2 EL Sojasoße
- 50 ml Sojacreme
- 1 TL Ingwer, gehackt
- 2 EL Honig
- 3 EL Öl
- 1 EL Speisestärke
- 300 g Reis
- Salz
- Pfeffer

Zubereitung:

1. Reis nach Anweisung garen.
2. Hähnchen in Streifen schneiden. Mit Ingwer, 1 TL Sambal und Sojasoße mischen, in ein verschließbares Gefäß geben und im Kühlschrank 1 Stunde ziehen lassen.
3. In einer Pfanne 1 EL Öl erhitzen. Hähnchen mit Stärke mischen und 2 Minuten anbraten.
4. Hähnchen aus der Pfanne nehmen und zur Seite stellen.
5. Knoblauch schälen und fein hacken. Mit Brokkoli und 1 EL Öl im Bratfett der Hähnchen andünsten. Brühe und Sojacreme dazugeben. Salzen, pfeffern, abdecken und 5 Minuten garen lassen.
6. Reis abgießen und auf Teller geben. Alle restlichen Zutaten mit in die Pfanne geben, nochmals erhitzen und danach zum Reis servieren.

Hähnchenpfanne mit Zucchini & Pilzen

Zubereitungszeit: 20 Minuten
Portionen: 2
Zutaten:

- 2 Zucchini, grün
- 100 ml Hühnerbrühe
- 250 g Champignons
- 100 ml Sojacreme
- 1 Schalotte
- 2 EL Rapsöl
- 1 TL Paprikapulver, edelsüß
- 1 EL Basilikum, gehackt
- 400 g Hähnchenbrustfilet
- 1 Knoblauchzehe
- Salz
- Pfeffer

Zubereitung:

1. Zucchini waschen, der Länge nach halb und in Halbringe schneiden.
2. Schalotte und Knoblauch schälen und würfeln.
3. Pilze in Scheiben schneiden.
4. Hähnchen abtupfen und in Streifen schneiden.
5. In einer Pfanne Öl erhitzen. Knoblauch, Schalotte und Hähnchen anbraten. Mit Paprikapulver bestreuen und 2 Minuten köcheln lassen.
6. Alle anderen Zutaten dazugeben und 5 Minuten garen lassen.

Gnocchi Spinatpfanne mit Pute

Zubereitungszeit: 35 Minuten
Portionen: 2
Zutaten:

- 200 ml Gemüsebrühe
- 500 g Gnocchi, aus dem Kühlregal
- 200 ml Sojacreme
- 300 g Putenbrustfilet
- 1 Schalotte
- 200 g Blattspinat, frisch
- Salz
- Pfeffer

Zubereitung:

1. Schalotte schälen und würfeln.
2. In einer Pfanne Spinat mit 100 ml Wasser köcheln. Wenn der Spinat zusammengefallen ist, salzen und pfeffern. Ist das Wasser verkocht, wird die Brühe dazugegeben. Sojacreme und Schalotte untermischen und 5 Minuten bei geringer Hitze garen lassen.
3. Gnocchi nach Anweisung vorgaren.
4. Putenfilet in Streifen schneiden und in einer Pfanne mit 1 EL Öl von allen Seiten gut braten.
5. Gnocchi auf Teller geben.
6. Pute mit Spinat mischen und dazu servieren.

Schmorkaninchen mit Gemüse

Zubereitungszeit: 1 Stunde & 30 Minuten
Portionen: 2
Zutaten:

- 1 kg kleine Kartoffeln, festkochend
- 3 Schalotten
- 4 EL Olivenöl
- 2 Knoblauchzehen
- 300 ml Geflügelfond
- 1 Zitrone, Bio
- 1 TL Thymian, gehackt
- 4 Karotten
- 3 Lorbeerblätter
- 1 Kaninchen, 1,2 kg, bereits vom Metzger zerlegt
- 2 Pimentkörner
- 1 Bund Basilikum
- 2 EL Kapern

Zubereitung:

1. Knoblauch schälen und in dünne Scheiben schneiden.
2. Schalotte schälen und in Spalten schneiden.
3. Basilikum waschen und fein hacken.
4. Kartoffeln schälen und der Länge nach halb schneiden.
5. Karotten schälen und in Scheiben schneiden.
6. Zitrone mit heißem Wasser abspülen und in Scheiben schneiden.
7. Ofen auf 180 Grad vorheizen.
8. Kaninchen salzen und pfeffern.
9. In einem Bräter 3 EL Olivenöl erhitzen und alle Kaninchenteile scharf von allen Seiten anbraten, bis sie goldbraun sind. Kaninchenteile aus dem Bräter nehmen.
10. Restliches Öl in den Bräter geben. Knoblauch und Schalotten 1 Minute dünsten. Zitrone, Kartoffeln und Karotten dazugeben, salzen, pfeffern und mit Fond übergießen. 5 Minuten köcheln lassen.
11. Alle Zutaten ohne das Fleisch in den Bräter geben und mischen.
12. Kaninchenteile darauf legen, Bräter abdecken und alles im Ofen 50 Minuten garen lassen.

Rinderragout in Sauerrahm mit Nudeln

Zubereitungszeit: 30 Minuten
Portionen: 2
Zutaten:

- 100 g Bandnudeln
- 4 Frühlingszwiebeln
- 2 EL Sauerrahm
- 150 g Champignons, braun
- 1 TL Senf, mittelscharf
- 250 g Rinderfilet
- 1/2 TL Pfeffer, grün, eingelegt im Glas
- 1 EL Rapsöl
- 150 ml Gemüsebrühe
- Salz

Zubereitung:

1. Nudeln nach Anweisung garen.
2. Pilze in Scheiben schneiden.
3. Frühlingszwiebeln waschen und in Ringe schneiden.
4. Rinderfilet unter kaltem, fließendem Wasser abspülen, abtupfen und in Würfel von 1 cm schneiden.
5. In einer Pfanne Öl erhitzen und Fleisch von allen Seiten bei mittlerer Hitze anbraten.
6. Pilze und Frühlingszwiebeln zum Fleisch geben, 3 Minuten braten (rühren nicht vergessen).
7. Alle anderen Zutaten ohne Nudeln zum Fleisch geben, gut mischen und bei mittlerer Hitze 10 Minuten garen lassen.
8. Nudeln abgießen, auf Teller geben und Ragout darüber verteilen.

Hähnchen Bananen Curry

Zubereitungszeit: 50 Minuten
Portionen: 4
Zutaten:

- 2 TL Kurkuma
- 2 EL Rosinen
- 1 TL Chilipulver
- 400 g Hähnchenbrustfilet
- 2 TL Currypulver
- 2 Bananen
- 250 g Joghurt, Natur (0,3 % Fett)
- 1 Schalotte
- 2 Chilischoten, rot
- 2 Knoblauchzehen
- 1 TL Koriander, gehackt
- 2 Karotten
- 1 TL Ingwer, gerieben
- 2 EL Rapsöl
- Salz

Zubereitung:

1. Knoblauch und Schalotte schälen und fein würfeln.
2. Chilischoten der Länge nach aufschneiden, Kerne entfernen, waschen und fein hacken.
3. Rosinen in eine Schale mit heißem Wasser geben.
4. Bananen schälen und in Scheiben schneiden.
5. Hähnchenbrustfilet abtupfen und in Würfel schneiden.
6. Karotte schälen und in Stifte schneiden.
7. In einer Pfanne Öl erhitzen, Schalotte und Knoblauch 1 Minute braten. Alle Gewürze, Ingwer und Karotten dazugeben und 2 Minuten garen.
8. Joghurt und 150 ml Wasser untermischen und Soße 5 Minuten köcheln lassen.
9. Alle anderen Zutaten dazugeben, untermischen, einmal aufkochen und servieren.

Schweinefilet Pfanne mit Lauch & Ananas

Zubereitungszeit: 35 Minuten
Portionen: 2
Zutaten:

- 50 g Champignons, braun
- 250 g Schweinefilet
- 50 ml Gemüsebrühe
- 1/2 Stange Lauch
- 1 TL Sojasoße
- 80 g Ananasfruchtfleisch
- 1 Orange, Bio
- ½ Bund Koriander
- 1 Chilischote, rot
- 1 EL Rapsöl

Zubereitung:

1. Pilze in Streifen schneiden,
2. Ananas in kleine Würfel schneiden.
3. Lauch waschen und in dünne Ringe schneiden.
4. Filet waschen, abtupfen und alle Sehnen oder Häute wegschneiden. Danach in Streifen schneiden.
5. Orange mit heißem Wasser abspülen. Halbe Orange auspressen, bei der anderen Hälfte Schale abreiben.
6. Chilischote der Länge nach aufschneiden, Kerne entfernen, waschen und fein hacken.
7. In einer Pfanne Öl erhitzen. Fleisch mit Rühren 2 Minuten anbraten.
8. Lauch, Chili und Pilze dazugeben und 2 Minuten braten.
9. Alle anderen Zutaten ohne Koriander dazu mischen und 10 Minuten bei mittlerer Hitze köcheln lassen.
10. Koriander waschen und fein hacken. Beim Servieren über das Filet streuen.
11. Zu der Schweinefilet-Pfanne passen Nudeln.

Reispfanne mit Erbsen & Putenbrustschinken

Zubereitungszeit: 35 Minuten
Portionen: 4
Zutaten:

- 1 EL Basilikum, gehackt
- 250 g Reis
- 1 Schalotte
- 150 g Zuckerschoten
- 1 Schalotte
- 2 EL Olivenöl
- 200 ml Gemüsebrühe
- 1 Knoblauchzehe
- 250 g Erbsen, TK
- 125 g Putenbrustschinken, in Scheiben
- Salz
- Pfeffer

Zubereitung:

1. Reis nach Anweisung garen.
2. Schalotte und Knoblauch schälen und fein hacken.
3. Zuckerschoten waschen und in einem Topf mit Salzwasser 2 Minuten kochen. Danach in ein Sieb geben und mit kaltem Wasser abspülen.
4. In einer Pfanne Öl erhitzen. Schalotten und Knoblauch 1 Minute braten. Erbsen und Brühe hineingeben und 3 Minuten
5. Reis abgießen und mit in die Pfanne geben.
6. Putenbrust in Würfel schneiden und mit allen anderen Zutaten in die Pfanne geben.2 Minuten unter Rühren erhitzen.

Geschmorte Kaninchenkeulen mit Ofenkartoffeln

Zubereitungszeit: 1 Stunde
Portionen: 4
Zutaten:

- 4 Kaninchenkeulen
- 2 Schalotten
- 400 ml Gemüsebrühe
- 2 Knoblauchzehen
- 750 g Kartoffeln
- 6 EL Olivenöl
- 4 Zweige Rosmarin
- 2 EL Thymian, gehackt
- Salz
- Pfeffer

Zubereitung:

1. Kartoffeln schälen und in Viertel schneiden.
2. Schalotten schälen und halb schneiden.
3. Knoblauch schälen und fein hacken.
4. Kaninchenkeulen nacheinander unter kaltem, fließendem Wasser abwaschen, abtupfen, salzen und pfeffern.
5. In einem Bräter 2 EL Öl erhitzen. Kaninchenkeulen von beiden Seiten anbraten. Schalotten, Knoblauch und Thymian dazugeben und 2 Minuten braten. Brühe untermischen, Bräter abdecken und 40 Minuten schmoren lassen.
6. Ofen auf 200 Grad vorheizen.
7. Backblech mit Backpapier belegen und Kartoffeln darauf legen. Im
8. Rosmarin, restliches Öl, Salz und Pfeffer mischen und damit die Kartoffeln bestreichen. Im Ofen 20 Minuten backen.
9. Kaninchen auf Teller geben und Kartoffeln daneben verteilen.

Jägertopf mit Nudeln

Zubereitungszeit: 45 Minuten
Portionen: 4
Zutaten:

- 250 g Hackfleisch, vom Rind
- 500 g Bandnudeln
- 250 g Champignons, braun
- 2 Lorbeerblätter
- 2 EL Olivenöl
- 1 Liter Fleischbrühe
- ½ TL Majoran, gehackt
- ½ Bund Petersilie
- 2 EL Weißweinessig
- Salz
- Pfeffer

Zubereitung:

1. Kartoffeln schälen und in Würfel schneiden.
2. Pilze in Viertel schneiden.
3. In einem Topf Öl erhitzen und Pilze anbraten.
4. Petersilie waschen und fein hacken.
5. Nudeln nach Anweisung garen.
6. Hackfleisch zu den Pilzen geben und 6 Minuten anbraten. Danach alle Zutaten ohne Nudeln dazugeben und 18 Minuten bei mittlerer Hitze mit Rühren garen.
7. Nudeln abgießen und auf Teller geben. Hackfleisch dazu servieren.

Vegetarische Hauptgerichte

Lauwarmer Gemüsesalat

Zubereitungszeit: 45 Minuten
Portionen: 4
Zutaten:

- 500 g Tomaten
- 500 g Kartoffeln
- 500 g Auberginen
- 1 Bund Petersilie
- 250 g Schalotten
- 200 ml Olivenöl
- Salz
- Pfeffer

Zubereitung:

1. Kartoffeln schälen und würfeln.
2. Schalotten schälen, halb schneiden und in Streifen schneiden.
3. Auberginen der Länge nach aufschneiden, Innenseiten salzen und 10 Minuten ziehen lassen. Danach abtupfen und würfeln.
4. Petersilie waschen und fein hacken.
5. Tomaten waschen und würfeln.
6. In einer Pfanne Öl erhitzen. Alle Zutaten hineingeben und gut mischen. Bei mittlerer Hitze 35 Minuten garen lassen. Zwischendurch rühren.

Zucchini Risotto mit Zitrone

Zubereitungszeit: 40 Minuten
Portionen: 4
Zutaten:

- 200 g Reis
- 2 Zucchini
- 250 ml Gemüsebrühe
- 2 Schalotten
- 2 EL Pflanzenöl
- 2 Zitronen, Bio
- Salz
- Pfeffer

Zubereitung:

1. Schalotten schälen und würfeln.
2. In einem Topf Öl erhitzen und Schalotten 1 Minute anbraten.
3. Reis dazugeben und 2 Minuten braten. Brühe dazugießen, abdecken und 20 Minuten bei mittlerer Hitze garen lassen. Zwischendurch rühren.
4. Zitronen mit heißem Wasser abwaschen, 1 TL Schale abreiben und Saft auspressen.
5. Zucchini in Stücke schneiden.
6. Alle anderen Zutaten zum Reis geben und 8 Minuten garen.

Lasagne mit Avocado-Pesto

Zubereitungszeit: 20 Minuten
Portionen: 2
Zutaten:

- 2 kleine Zucchinis
- 2 weiche getrocknete Tomaten
- 1 kleine Avocado
- 1 Bund Basilikum
- 1 Zehe Knoblauch, gepresst
- etwas Zitronensaft
- Salz, Pfeffer

Zubereitung:

1. Die Zucchini gründlich waschen, den Stilansatz wegschneiden und mit dem Sparschäler längs in dünne Streifen schneiden.
2. Die getrockneten Tomaten fein würfeln.
3. Die Avocado fein zerdrücken. Das Basilikum fein hacken und mit dem Knoblauch, der Avocado, Zitronensaft im Mörser zu einem Pesto verarbeiten. Mit Salz und Pfeffer abschmecken.
4. Nun Zucchinistreifen überlappend anordnen, die getrockneten Tomatenstücke hinaufgeben, Pesto drauf und so weiter bis die Zutaten aufgebraucht sind und genießen.

Tagliatelle mit Champignons & Radicchio

Zubereitungszeit: 30 Minuten
Portionen: 2
Zutaten:

- 1 Radicchio
- 250 g Tagliatelle
- 1 Knoblauchzehe
- 1 EL Rapsöl
- 1 TL Paprikapulver, edelsüß
- 350 g Champignons, braun
- 1 Prise Muskat
- 1 Prise Zucker
- 150 ml Sojacreme
- 1 EL Petersilie, gehackt
- Salz
- Pfeffer

Zubereitung:

1. Nudeln nach Anweisung garen.
2. Radicchio waschen und in feine Streifen schneiden.
3. Knoblauch schälen und hacken.
4. Pilze in Scheiben schneiden.
5. In einer Pfanne Öl erhitzen. Pilze und Knoblauch 2 Minuten braten.
6. Alle anderen Zutaten ohne Nudeln dazugeben, aufkochen und danach bei geringer Hitze 15 Minuten garen lassen.

Indische Reispfanne mit Spinat & Erbsen

Zubereitungszeit: 45 Minuten
Portionen: 4
Zutaten:

- 250 g Reis
- 1 Prise Zimt
- 3 Karotten
- 4 Gewürznelken
- 2 EL Öl
- 2 Lorbeerblätter
- ½ TL Kreuzkümmel
- 600 ml Gemüsebrühe
- 300 g Erbsen, TK
- 1 Schalotte
- 200 g Babyspinat
- 4 Kirschtomaten
- Saft einer halben Limette
- Salz
- Pfeffer

Zubereitung:

1. Karotten und Schalotte schälen und würfeln.
2. In einer großen Pfanne Öl erhitzen. Nelken und Lorbeer 1 Minute anrösten.
3. Reis, Schalotte und Kreuzkümmel dazugeben und unter Rühren 3 Minuten garen.
4. Brühe untermischen und 2 Minuten garen.
5. Karotten dazugeben und 10 Minuten garen.
6. Tomaten waschen und halb schneiden.
7. Spinat waschen, abtropfen lassen und zusammen mit Erbsen und Tomaten zum Reis geben.
8. Alle restlichen Zutaten untermischen und 5 Minuten garen. Vor dem Servieren Lorbeerblätter und Gewürznelken aus der Pfanne nehmen.

Grillgemüse aus dem Ofen

Zubereitungszeit: 40 Minuten
Portionen: 4
Zutaten:

- 2 Auberginen
- 2 Knollen Fenchel
- 2 Zucchini, grün
- 1 Zucchini, gelb
- 1 EL Basilikum, gehackt
- 60 ml Olivenöl
- 4 EL Balsamicoessig
- Salz
- Pfeffer

Zubereitung:

1. Auberginen der Länge nach aufschneiden, Innenflächen salzen und 10 Minuten ziehen lassen. Danach abtupfen und in Würfel schneiden.
2. Ofen auf 180 Grad vorheizen.
3. Fenchel waschen, halbieren und in Scheiben schneiden.
4. Zucchini waschen und in Scheiben schneiden.
5. Eine Auflaufform mit 3 EL Öl einfetten und Gemüse hineinfüllen. Im Ofen 20 Minuten garen. Danach salzen und pfeffern.
6. Restliches Öl, Balsamicoessig, Salz und Pfeffer mischen und vor dem Servieren über dem Gemüse verteilen.

Curry mit Tofu, Spinat & Tomaten

Zubereitungszeit: 30 Minuten
Portionen: 4
Zutaten:

- 400 g Tofu, Natur
- 200 ml Tomaten, passiert
- 2 Knoblauchzehen
- 100 ml Sojacreme
- 2 Schalotten
- 1 TL Currypulver
- 200 g Kirschtomaten
- 1 Prise Kreuzkümmel
- 1 TL Ingwer, gerieben
- 1 Prise Chiliflocken
- 300 g Reis
- 2 EL Rapsöl
- 1 TL Kurkumapulver
- Salz
- Pfeffer

Zubereitung:

1. Reis nach Anweisung garen.
2. Schalotten und Knoblauch schälen und fein hacken.
3. Tomaten waschen und halb schneiden.
4. Tofu in Würfel schneiden.
5. Spinat waschen und abtropfen lassen.
6. In einem Topf 1 EL Öl erhitzen. Schalotten, Ingwer und Knoblauch anbraten.
7. Spinat, Sojacreme und passierte Tomaten dazumischen und 5 Minuten bei mittlerer Hitze köcheln lassen.
8. Restliches Öl in einer Pfanne erhitzen und Tofu 5 Minuten anbraten. Kirschtomaten, Salz, Pfeffer und alle Gewürze dazugeben.
9. Reis abgießen, in eine Schüssel geben, mit einer Gabel auflockern und mit allen anderen Zutaten mischen.

Tagliatelle mit Mangold

Zubereitungszeit: 40 Minuten
Portionen: 4
Zutaten:

- 500 g Mangold
- 200 g Champignons
- 2 TL Currypulver
- 1 Schalotte
- 300 g Tagliatelle
- 1 EL Olivenöl
- 100 ml Gemüsebrühe
- 50 ml Sojacreme
- Salz
- Pfeffer

Zubereitung:

1. Nudeln nach Anweisung garen.
2. Schalotte schälen und würfeln.
3. Mangold waschen, harte Stiele herausschneiden und in Streifen schneiden.
4. Pilze in Scheiben schneiden.
5. In einer Pfanne Öl erhitzen. Mangold 2 Minuten anbraten. Pilze dazugeben, 2 Minuten braten und Curry darüber streuen.
6. Brühe und Sojacreme untermischen und 10 Minuten garen.
7. Nudeln abgießen und auf Teller geben. Mangoldmischung darüber verteilen.

Kürbisgulasch

Zubereitungszeit: 25 Minuten
Portionen: 2
Zutaten:

- 1 EL Öl
- 400 g Hokkaido Kürbisfruchtfleisch
- 2 Frühlingszwiebeln
- 2 TL Baharat Gewürzmischung
- 1 Knoblauchzehe
- 400 ml Gemüsebrühe
- 1 Prise Zimt

Zubereitung:

1. Schalotten und Knoblauch schälen und fein hacken.
2. Öl in einer Pfanne erhitzen, Knoblauch 1 Minute braten.
3. Kürbisfruchtfleisch würfeln und zusammen mit den Schalotten in die Pfanne geben.
4. Gewürze dazugeben, Brühe untermischen und 15 Minuten köcheln lassen.
5. Dazu passen Kartoffeln oder Reis.

Hirse Gemüsetopf

Zubereitungszeit: 20 Minuten
Portionen: 2
Zutaten:

- 30 g Hirse
- 100 ml Gemüsebrühe
- 1 Knolle Fenchel
- 1 TL Minze, gehackt
- 2 Tomaten, getrocknet
- 40 g Joghurt, Natur (0,3 % fett)
- 1 Frühlingszwiebel
- Salz
- Pfeffer

Zubereitung:

1. Fenchel waschen und in Streifen schneiden.
2. Hirse in ein Sieb geben, mit kaltem Wasser abspülen und abtropfen lassen.
3. Tomaten in Streifen schneiden.
4. In einem Topf Brühe aufkochen, Hirse, Fenchel und Tomaten hineingeben, abdecken und bei mittlerer Hitze 10 Minuten garen.
5. Frühlingszwiebeln waschen und in Ringe schneiden.
6. Topf vom Herd nehmen, Minze und Frühlingszwiebeln untermischen und auf Teller verteilen.

Bandnudeln mit Kirschtomaten & Basilikum

Zubereitungszeit: 35 Minuten
Portionen: 4
Zutaten:

- 500 g Bandnudeln
- 700 g Kirschtomaten
- 1 Bund Basilikum
- 2 Knoblauchzehen
- 6 EL Olivenöl
- Salz
- Pfeffer

Zubereitung:

1. Nudeln nach Anweisung garen.
2. Tomaten waschen und halb schneiden.
3. Basilikum waschen und fein hacken.
4. Knoblauch schälen und fein hacken.
5. In einer Pfanne Öl erhitzen, Tomaten und Knoblauch 5 Minuten garen. Basilikum, Salz und Pfeffer untermischen.
6. Nudeln abgießen und mit Tomatenmischung mischen.

Zucchini Champignon Pfanne

Zubereitungszeit: 20 Minuten
Portionen: 4
Zutaten:

- 1 EL Petersilie, gehackt
- 500 g Zucchini
- 5 Knoblauchzehen
- 500 g Champignons
- 2 Frühlingszwiebeln
- 1 Schalotte
- 3 EL Rapsöl
- Salz
- Pfeffer

Zubereitung:

1. Frühlingszwiebeln waschen und in Ringe schneiden.
2. Knoblauch und Schalotten schälen und fein hacken.
3. Pilze in Scheiben schneiden.
4. Zucchini waschen und in Scheiben schneiden.
5. Öl in einer Pfanne erhitzen und alle Zutaten darin 15 Minuten mit Wenden braten. Vor dem Servieren salzen und pfeffern.

Tofu Gemüsepfanne mit Reis

Zubereitungszeit: 30 Minuten
Portionen: 2
Zutaten:

- 75 g Sojasprossen
- 1 Schalotte
- 5 Champignons
- ½ Zucchini
- 150 g Reis
- 125 g Tofu
- 1 TL Currypulver
- 200 ml Sojacreme
- Salz
- Pfeffer

Zubereitung:

1. Reis nach Anweisung garen.
2. Tofu in Würfel schneiden.
3. Schalotte schälen und würfeln.
4. Pilze in Viertel schneiden.
5. Zucchini in Scheiben schneiden.
6. Sojasprossen in einer Pfanne ohne Fett 1 Minute braten. Danach alle anderen Zutaten ohne Reis dazugeben und mit Rühren 5 Minuten garen.
7. Reis abgießen und mit dem Gemüse in der Pfanne mischen.

Brokkoli mit Senfsoße

Zubereitungszeit: 20 Minuten
Portionen: 2
Zutaten:

- 500 g Brokkoli, in Röschen
- 1 Schalotte
- 100 ml Wasser
- 100 ml Milch, fettarm
- 2 TL Senf, mittelscharf
- 2 EL Sojacreme
- 2 TL Senf, körnig
- 1 EL Mehl
- 1 EL Rapsöl
- Salz
- Pfeffer

Zubereitung:

1. Schalotte schälen und würfeln.
2. Brokkoli waschen und in einem Topf mit Salzwasser 8 Minuten kochen. Danach in ein Sieb abgießen und abtropfen lassen.
3. Öl in einer Pfanne erhitzen und Schalotte anbraten. Mehl dazugeben und 1 Minute unter Rühren köcheln.
4. Sojacreme, Milch und Wasser untermischen. Alle anderen Zutaten ohne Brokkoli nach 1 Minute untermischen und bei geringer Hitze 4 Minuten garen lassen.
5. Brokkoli auf Teller geben und Soße darüber verteilen.

Leichter Nudelsalat

Zubereitungszeit: 40 Minuten
Portionen: 2
Zutaten:

- 250 g Spiralnudeln
- 1 Knoblauchzehe
- 4 Tomaten
- ½ Bund Basilikum
- 2 EL Olivenöl
- Salz
- Pfeffer

Zubereitung:

1. Nudeln nach Anweisung garen, abgießen und abtropfen lassen. 10 Minuten abkühlen lassen.
2. Tomaten waschen und würfeln.
3. Basilikum waschen und grob hacken.
4. Knoblauch schälen und fein hacken.
5. Alle Zutaten zusammenmischen.

Tagliatelle mit Roter Beete

Zubereitungszeit: 25 Minuten
Portionen: 4
Zutaten:

- 450 g Rote Beete, vorgegart und vakuumiert
- 450 g Tagliatelle
- 3 EL Sojacreme
- 150 ml Gemüsebrühe
- 1 Spritzer Apfelessig
- Salz
- Pfeffer

Zubereitung:

1. Handschuhe anziehen und Rote Beete schälen. Ohne Handschuhe färbt die Rote Beete auf die Haut ab.
2. In einer Pfanne Öl erhitzen und Rote Beete 2 Minuten andünsten. Brühe, Essig, Salz und Pfeffer dazugeben. Gemüse 25 Minuten bei geringer Hitze garen lassen.
3. Nudeln nach Anweisung garen.
4. Nudeln abgießen und Rote Beete darüber verteilen.

Kartoffel Karotten Topf

Zubereitungszeit: 45 Minuten
Portionen: 4
Zutaten:

- 500 g Karotten
- 750 g Kartoffeln
- 1 TL Paprikapulver
- 1 Prise Muskat
- 500 ml Gemüsebrühe
- 1 Bund Petersilie
- Salz
- Pfeffer

Zubereitung:

1. Karotten und Kartoffeln schälen und würfeln.
2. Petersilie waschen und fein hacken.
3. In einem Topf Brühe und 1 Liter Wasser aufkochen.
4. Alle Zutaten in den Topf geben und 30 Minuten kochen lassen.
5. Restliche Brühe in eine Schüssel abgießen und Gemüse klein stampfen. Sollte das Gemüse zu fest genug sein, kann man wieder etwas Brühe untermischen.

Gnocchi mit Zucchini & Tomaten

Zubereitungszeit: 20 Minuten
Portionen: 2
Zutaten:

- 1 Knoblauchzehe
- 400 g Gnocchi, aus dem Kühlregal
- 1 EL Petersilie, gehackt
- 2 Zucchini
- 150 ml Gemüsebrühe
- 3 Tomaten
- 1 EL Rapsöl
- 1 TL Oregano, gehackt
- Salz
- Pfeffer

Zubereitung:

1. Gnocchi nach Anweisung garen.
2. Zucchini waschen und würfeln.
3. Tomaten waschen und würfeln.
4. Knoblauch schälen und würfeln.
5. In einer Pfanne Öl erhitzen. Knoblauch und Zucchini 2 Minuten anbraten. Restliche Zutaten ohne Gnocchi dazugeben und 8 Minuten bei mittlerer Hitze köcheln lassen.
6. Gnocchi abgießen und mit Gemüse mischen.

Zucchini und Karottennudeln

Zubereitungszeit: 10 Minuten
Portionen: 2
Zutaten:

- 1 Zucchini
- 1 Karotte
- 1 EL Olivenöl
- Salz
- Pfeffer

Zubereitung:

1. Karotte schälen und der Länge nach mit einem Sparschäler in feine Streifen hobeln.
2. Zucchini waschen, Enden abschneiden und der Länge nach mit einem Sparschäler in feine Streifen hobeln.
3. In einer Pfanne Öl erhitzen und Möhren 5 Minuten bei mittlerer Hitze garen. Zucchini dazugeben und mit Rühren 3 Minuten garen.
4. Gemüse, salzen, pfeffern und auf Teller verteilen.

Smoothies

Salat-Avocado Smoothie

Zubereitungszeit: 5 Minuten
Portionen: 1
Zutaten:

- 100 g Kopfsalat
- 1/2 Apfel
- 1 Avocado
- 200 ml Birnensaft (ohne Zuckerzusatz)
- 1 Prise Salz
- 100 g Crushed Ice
- Mineralwasser

Zubereitung:

1. Salat waschen, trocken schleudern und zupfen.
2. Apfel entkernen und zerkleinern.
3. Avocado halbieren, entkernen und aus der Schale lösen.
4. Avocado-Fruchtfleisch mit Birnensaft, einer Prise Salz und dem Crushed Ice im Mixer pürieren.
5. Nach Bedarf mit Mineralwasser verdünnen.

Rauke-Apfel Smoothie

Zubereitungszeit: 5 Minuten
Portionen: 1
Zutaten:

- 80 g Rauke
- 1/2 Apfel
- 200 ml Orangensaft
- 100 g Crushed Ice
- 2 EL Ahornsirup
- Salz
- wenig Olivenöl

Zubereitung:

1. Rauke waschen und trockenschleudern.
2. Apfel entkernen und klein schneiden.
3. Apfel und Rauke zusammen mit dem Orangensaft und Crushed Ice im Mixer mixen.
4. Nach Belieben Ahornsirup und Prise Salz hinzugeben zum Würzen.
5. Zuletzt das Öl dazu und noch mal kräftig durchmixen.

Algen Smoothie

Zubereitungszeit: 5 Minuten
Portionen: 1
Zutaten:

- 2 handvoll Feldsalat
- 1 handvoll Grünkohl
- 2 Bananen
- 1/2 Avocado
- 1 Birne
- 1/2 TL Kokosöl
- 1 TL Spirulina Pulver
- 300 ml Kokoswasser

Zubereitung:

1. Feldsalat und Grünkohl waschen und trockenschleudern.
2. Bananen schälen und grob zerteilen.
3. Birne entkernen und ebenfalls grob zerteilen.
4. Alle Zutaten in den Mixer geben und sehr fein pürieren.

Mango-Spinat-Kokos Smoothie

Zubereitungszeit: 5 Minuten
Portionen: 1
Zutaten:

- 150 g Mango
- 30 g Spinat (Babyspinat)
- ½ Bananen
- 150 ml Kokosmilch
- 100 ml Kokoswasser
- 100 ml Orangensaft

Zubereitung:

1. Das Mangofruchtfleisch grob würfeln. Spinat verlesen, waschen, gut abtropfen lassen.
2. Beides zusammen mit Banane, Kokosmilch, Kokoswasser und Orangensaft im Mixer pürieren.

Erdbeer-Kiwi Smoothie

Zubereitungszeit: 5 Minuten
Portionen: 1
Zutaten:

- 100 g Erdbeeren, frisch
- 1 Kiwi, reif
- 1 Banane, reif
- 300 ml Hafermilch

Zubereitung:

1. Die Erdbeeren kurz abbrausen, das Grün entfernen und die Beeren evtl. klein schneiden.
2. Die Kiwi und die Banane schälen und in Stücke schneiden. Die Früchte in einen Mixer geben und den ausgewählten Pflanzendrink dazugießen.
3. Die Zutaten kurz mixen bis alles fein püriert ist.

Beeren-Orangen Smoothie

Zubereitungszeit: 5 Minuten
Portionen: 1
Zutaten:

- 2 große Orangen
- 150 g Beeren, gemischte, TK, angetaut

Zubereitung:

1. Die Orangen schälen und entkernen. Die Orangen in kleine Stücke schneiden und in den Mixer geben. Die möglichst angetauten Beeren nach Wahl hinzugeben, anschließend gut durchmixen.

Wassermelonen-Bananen-Pfirsich Smoothie

Zubereitungszeit: 5 Minuten
Portionen: 1-2
Zutaten:

- 1 halbe Wassermelone
- 1 Banane
- 1 Pfirsich

Zubereitung:

1. Das Obst schälen. Den Stein vom Pfirsich so wie die Melonenkerne entfernen und das Obst in grobe Stücke schneiden. Im Mixer pürieren.

Zwetschgen Mandel Smoothie

Zubereitungszeit: 5 Minuten
Portionen: 1
Zutaten:

- 4 schön reife Zwetschgen
- 1,5 EL Mandelmus
- ½ TL Acai-Pulver (optional)
- 1 Prise Zimt
- 1 Tasse Hafermilch
- optional: 4-5 Eiswürfel

Zubereitung:

1. Alle Zutaten im Blender gut durchmixen und danach sofort genießen.

Möhren-Trauben-Ingwer-Smoothie

Zubereitungszeit: 5 Minuten
Portionen: 1
Zutaten:

- 250 g Möhren
- 100 g rote Trauben, kernlose
- 1/2 TL frisch geriebener Ingwer
- 1/2 EL Olivenöl
- 1 Schuss Wasser

Zubereitung:

1. Möhren schälen, putzen, grob raspeln und mit den Trauben im Mixer pürieren.
2. Ingwer, Öl und Wasser dazugeben, alles verquirlen und am besten sofort genießen.

Gurke-Avocado-Löwenzahn-Smoothie

Zubereitungszeit: 5 Minuten
Portionen: 1
Zutaten:

- 1/2 mittelgroße Salatgurke
- 1/2 Avocado
- 1/2 Bund Löwenzahn (ersatzweise geht auch Rucola)
- 80 ml Mineralwasser
- Pfeffer aus der Mühle

Zubereitung:

1. Gurke und Avocado Hälfte schälen, Fruchtfleisch klein schneiden. Löwenzahn putzen, alles im Mixer pürieren.
2. Mineralwasser hineinrühren und mit Pfeffer abschmecken.

Rote-Bete-Orange-Meerrettich-Smoothie

Zubereitungszeit: 5 Minuten
Portionen: 1
Zutaten:

- 100 g vorgegarte Rote Bete
- 2 TL Meerrettich
- 50 g Schwarze Johannisbeeren (TK)
- 1 Blutorange

Zubereitung:

1. Die Rote Bete grob würfeln, im Mixer mit Meerrettich und Johannisbeeren pürieren. Blutorange schälen, auspressen, Saft in den Bete-Beeren-Mix rühren und sofort genießen.

Sellerie-Apfel-Ananas-Smoothie

Zubereitungszeit: 5 Minuten
Portionen: 1
Zutaten:

- 50 g Staudensellerie
- 100 g süßer Apfel
- 120 g frische Ananas
- 4 Stängel Minze
- 1 TL Ahornsirup
- 80 ml Wasser

Zubereitung:

1. Gemüse und Apfel putzen. Ananas schälen. Alles in grobe Stücke schneiden. Minzeblätter abzupfen.
2. Alles im Mixer mit Ahornsirup und Wasser auf mittlerer Stufe anpürieren, auf höchster Stufe ca. 30 Sekunden fein pürieren.

Snacks `

Sellerie Sticks mit Thunfischcreme

Zubereitungszeit: 20 Minuten
Portionen: 4
Zutaten:

- Saft einer halben Zitrone
- 3 Stangen Staudensellerie
- 5 EL Joghurt, Natur (0,3 % Fett)
- 3 Frühlingszwiebeln
- 2 EL Kapern, aus dem Glas
- 200 g Thunfisch, aus der Dose, im eigenen Saft
- Salz
- Pfeffer

Zubereitung:

1. Frühlingszwiebeln waschen und in Ringe schneiden.
2. Thunfisch in ein Sieb geben und abtropfen lassen. Mit einer Gabel zerrupfen, danach mit Frühlingszwiebeln und Kapern mischen.
3. Joghurt, 1 EL Zitronensaft, Salz und Pfeffer mischen. Mit Thunfischmischung mischen.
4. Sellerie waschen und in Stücke von 6 cm schneiden. Mit Thunfischdip servieren.

Gedämpfter Blumenkohl

Zubereitungszeit: 30 Minuten
Portionen: 2
Zutaten:

- 50 ml Gemüsebrühe
- 1 Blumenkohl, 600 g
- 1 Paprikaschote, rot
- ½ TL Olivenöl
- 1 Zitrone, Bio
- 1 Prise Korianderpulver
- 1 Schalotte
- Salz
- Pfeffer

Zubereitung:

1. Zitrone mit heißem Wasser abwaschen, Schale abreiben und Saft auspressen.
2. Rösschen vom Blumenkohl abschneiden und waschen.
3. Einen Topf 2 cm hoch mit Wasser, 1 Prise Salz und Zitronenschale füllen. Blumenkohl in einen Dämpfkorb oder Einsatz legen und über dem Wasser 18 Minuten dämpfen.
4. Paprikaschote halb schneiden, Kerne und Trennwände entfernen, waschen und würfeln.
5. Schalotte schälen und würfeln.
6. Brühe in einem Topf erhitzen, Schalotten und Paprika dazugeben und 12 Minuten bei geringer Hitze garen. Mischung mit einem Stabmixer pürieren. Alle Zutaten ohne Blumenkohl dazugeben und mischen.
7. Blumenkohl abgießen, auf Teller geben und Paprikasoße darauf verteilen.

Fischfrikadellen mit Tomaten-Orangen Salsa

Zubereitungszeit: 25 Minuten
Portionen: 2
Zutaten:

- 150 g Joghurt, Natur (0,3 % Fett)
- 350 g Seelachsfilet
- 1 Eigelb
- 2 Tomaten
- 1 TL Senf, körnig
- 1 Orange
- 1 TL Rapsöl
- 1 Knoblauchzehe
- 1 Prise Chiliflocken
- Safte einer halben Limette.
- 1 EL Basilikum, gehackt
- 1 TL Olivenöl
- Salz
- Pfeffer

Zubereitung:

1. Tomaten waschen und in Würfel schneiden.
2. Fisch unter kaltem, fließenden Wasser abspülen, abtupfen, in feine Würfel schneiden und in einem Gefäß 10 Minuten in den Gefrierschrank stellen.
3. Orange schälen und Filets zwischen den Trennhäuten herausschneiden. Saft dabei auffangen. Filets klein schneiden und mit den Tomaten mischen.
4. Knoblauch schälen und fein hacken. Mit der Hälfte des Orangensaftes, Salz, Pfeffer, Chiliflocken und 1 TL Olivenöl zu den Tomaten geben und mischen.
5. Restlichen Knoblauch, Salz, Pfeffer und Basilikum mischen.
6. Fisch in einem Mixer klein hacken. Eigelb, Salz, Pfeffer und Senf dazugeben.
7. Aus der Masse Frikadellen formen.
8. In einer Pfanne Rapsöl erhitzen und Frikadellen mit Wenden 5 Minuten bei mittlerer Hitze ausbacken.
9. Frikadellen mit Joghurt Dip und Salsa servieren.

Putenröllchen mit lauwarmen Spargel

Zubereitungszeit: 25 Minuten
Portionen: 2
Zutaten:

- 8 Halme Schnittlauch
- 300 g Spargel, weiß
- 4 Scheiben Putenbrustschinken
- ½ TL Olivenöl
- 1 TL Limettensaft
- Salz
- Pfeffer

Zubereitung:

1. Spargel waschen, unteres Drittel abschneiden und schälen.
2. In einer Pfanne Öl erhitzen und Spargel mit wenden bei mittlerer Hitze 7 Minuten garen.
3. Limettensaft über den Spargel geben, salzen und pfeffern.
4. Die Putenbrustscheiben auf der Arbeitsfläche ausrollen. Spargel auf die Scheiben verteilen.
5. Putenbrust zusammenrollen und Schnittlauch darum binden und verschließen.

Linsen Hackfleisch Bällchen

Zubereitungszeit: 1 Stunde & 10 Minuten
Portionen: 4
Zutaten:

- 1 Knoblauchzehe
- 1 Schalotte
- 300 g Rinderhackfleisch
- 2 Zucchini, grün
- 2 Zucchini, gelb
- ½ Bund Schnittlauch
- 1 Prise Kreuzkümmel
- 1 Ei
- 2 EL Ajvar
- 1 EL Tomatenmark
- 280 ml Gemüsebrühe
- 150 g Linsen, rot
- Salz
- Pfeffer

Zubereitung:

1. Knoblauch und Schalotte schälen und hacken.
2. In einem Topf 200 ml Brühe erhitzen. Schalotte, Knoblauch und Linsen bei geringer Hitze 10 Minuten zugedeckt garen.
3. Deckel abnehmen und weitergaren, bis die Brühe verkocht ist.
4. Zucchini waschen, Enden abschneiden, der Länge nach halb schneiden und dann in Halbringe schneiden.
5. Linsen durch ein Sieb abgießen und 5 Minuten abkühlen lassen. Mit Kreuzkümmel, Hackfleisch, Ei, Salz und Pfeffer mischen.
6. Aus der Masse 12 Bällchen formen.
7. Topf mit Salzwasser aufkochen und Bällchen hineingeben. Bei geringer Hitze 10 Minuten gar ziehen lassen.
8. Restliche Brühe in die Pfanne geben und Zucchini darin 8 Minuten abgedeckt bei geringer Hitze garen lassen.
9. Schnittlauch waschen und in Röllchen schneiden. Alle restlichen Zutaten ohne Hackbällchen mit in die Gemüsepfanne geben, aufkochen und dann bei geringer Hitze köcheln lassen.
10. Hackbällchen mit Gemüse servieren.

Brokkoli Lauch Gemüse mit Dip

Zubereitungszeit: 15 Minuten
Portionen: 2
Zutaten:

- 300 g Brokkoli, in Rösschen
- 1 Prise Muskat
- 2 Stangen Lauch
- 80 g Joghurt (0,1 % Fett)
- 200 ml Gemüsebrühe
- 2 TL Ajvar
- Salz

Zubereitung:

1. Lauch waschen und in Ringe schneiden.
2. Brokkoli waschen und zusammen mit der Brühe in einem Topf 3 Minuten kochen. Lauch und Muskat dazugeben und 3 Minuten bei geringer Hitze weitergaren.
3. Ajvar, Salz und Joghurt mischen.
4. Gemüse auf Teller geben und Dip dazu servieren.

Überbackener Fenchel mit Tomatenkruste

Zubereitungszeit: 25 Minuten
Portionen: 2
Zutaten:

- 1 Knolle Fenchel
- 2 Schalotten
- 2 Tomaten
- 2 EL Paniermehl
- 2 Knoblauchzehen
- 2 EL Petersilie, gehackt
- 1 TL Olivenöl
- Salz
- Pfeffer

Zubereitung:

1. Tomaten waschen und sehr klein würfeln.
2. Schalotten und Knoblauch schälen und sehr klein würfeln.
3. In einer Pfanne Öl erhitzen, Knoblauch und Schalotten 2 Minuten garen. Aus der Pfanne nehmen und in eine Schüssel geben. Tomaten, Petersilie, Salz, Pfeffer und Paniermehl dazugeben und gut mischen.
4. Ofen auf 180 Grad vorheizen.
5. Fenchel waschen, halb schneiden und in dicke Scheiben schneiden. Dann in eine Auflaufform legen.
6. Tomatenmischung auf dem Fenchel verteilen und im Ofen 15 Minuten backen.

Tofu mit Frühlingszwiebeln

Zubereitungszeit: 45 Minuten
Portionen: 4
Zutaten:

- 3 EL Sojasoße
- 300 g Seidentofu
- 3 EL Mirin
- 3 EL Dashi Brühe
- 4 Frühlingszwiebeln
- Saft einer halben Zitrone
- 2 EL Rapsöl
- Salz
- Pfeffer

Zubereitung:

1. 2 EL Mirin, 2 EL Zitronensaft und 2 EL Sojasoße mischen.
2. Tofu in 8 Stücke schneiden und zusammen mit der Mischung in eine Schüssel legen. Schüssel abdecken, abdecken und Tofu 30 Minuten ziehen lassen. Zwischendurch wenden.
3. Frühlingszwiebeln waschen und in Ringe schneiden.
4. Öl in einer Pfanne erhitzen und Tofu je Seite 3 Minuten anbraten.
5. Dashi Brühe in 3 EL Wasser auflösen. Mit allen anderen Zutaten ohne Tofu mischen und in ein Schälchen geben. Zusammen mit dem Tofu servieren.

Kichererbsenbratlinge mit Minz Dip

Zubereitungszeit: 45 Minuten
Portionen: 2
Zutaten:

- 1 EL Minze, gehackt
- 2 Frühlingszwiebeln
- 1 Messerspitze Backpulver
- 1 TL Petersilie, gehackt
- 80 g Paniermehl
- 400 g Joghurt, Natur (0,3 % Fett)
- 1 Knoblauchzehe
- 500 g Kichererbsen, aus der Dose
- 3 EL Pflanzenöl
- 1 TL Koriander, gehackt
- 1 Prise Cayennepfeffer
- 2 TL Limettensaft
- Salz
- Pfeffer

Zubereitung:

1. Kichererbsen in ein Sieb geben, mit kaltem Wasser abspülen und abtropfen lassen.
2. Knoblauch schälen und fein hacken.
3. Frühlingszwiebeln waschen und fein hacken.
4. Alle Gewürze, Kichererbsen, Frühlingszwiebeln, Paniermehl, Backpulver und Knoblauch in eine Schüssel geben und zu einem Teig kneten. Aus dem Teig 12 Bällchen formen und diese dann flach drücken.
5. Öl in einer Pfanne erhitzen und Bratlinge 6 Minuten bei mittlerer Hitze ausbacken. Auf Küchenkrepp abtropfen lassen.
6. Joghurt, Petersilie, Minze, Limettensaft, Salz und Pfeffer mischen. Zu den Bratlingen servieren.

Gefüllte Tomaten mit Zucchini

Zubereitungszeit: 20 Minuten
Portionen: 1
Zutaten:

- 1 Zucchini
- 3 Tomaten
- 1 TL Minze, gehackt
- 1 TL Weißweinessig
- Salz
- Pfeffer

Zubereitung:

1. Tomaten waagerecht halb schneiden und Kerne mit einem Teelöffel herauskratzen.
2. Zucchini waschen und in ganz kleine Würfel schneiden. Mit Essig, Salz und Pfeffer mischen. Tomatenfruchtfleisch klein hacken und dazugeben.
3. Die Mischung in die ausgehöhlten Tomatenhälften geben und Minze darüber streuen.
4. Danach auf einen Teller geben.

Tofu Champignons Spieße mit Birne

Zubereitungszeit: 25 Minuten
Portionen: 2
Zutaten:

- 750 g Tofu
- 1 Birne
- 500 g Champignons, klein
- 2 EL Pflanzenöl
- 1 EL Balsamicoessig
- 1 Knoblauchzehe
- Salz
- Pfeffer
- Holzspieße

Zubereitung:

1. Tofu in Würfel schneiden.
2. Knoblauch schälen und fein hacken.
3. Knoblauch, Essig, 1 EL Öl, Salz und Pfeffer mischen.
4. Ofen auf 180 Grad vorheizen.
5. Birne vierteln, Kerngehäuse entfernen, schälen und würfeln.
6. Abwechselnd Pilze, Tofu und Birne auf die Spieße stecken.
7. Auflaufform mit 1 EL Öl einfetten. Spieße hineinlegen und mit Wenden im Ofen 15 Minuten backen.

Apfeljoghurt

Zubereitungszeit: 10 Minuten
Portionen: 2
Zutaten:

- 2 Äpfel
- 100 g Joghurt, Natur (0,3 % Fett)
- 1 Scheibe Zwieback

Zubereitung:

1. Zwieback klein bröseln.
2. Äpfel in Viertel schneiden, Kerngehäuse entfernen, schälen und würfeln.
3. Joghurt und Äpfel mischen und in Schälchen geben.
4. Zwieback darüber verteilen.

Tomatenreis

Zubereitungszeit: 25 Minuten
Portionen: 2
Zutaten:

- 600 g Tomaten
- 80 g Reis
- 1 TL Oregano
- 1 TL Tomatenmark
- 1 TL Olivenöl
- 1 Prise Zucker
- 1 Prise Salz
- 1 Prise Pfeffer

Zubereitung:

1. Reis nach Anweisung garen.
2. Tomaten waschen, würfeln und mit allen anderen Zutaten mischen.
3. Reis abgießen und mit den restlichen Zutaten mischen.

Pak Choi mit Knoblauch

Zubereitungszeit: 10 Minuten
Portionen: 2
Zutaten:

- 1 Knoblauchzehe
- 2 Baby Pak Choi
- 1 TL Rapsöl
- Salz
- Pfeffer

Zubereitung:

1. Knoblauch schälen und in dünne Scheiben schneiden.
2. Pak Choi waschen und der Länge nach in 2 Hälften schneiden.
3. Öl in einer Pfanne erhitzen, Pak Choi mit der Schnittseite nach unten hineinlegen, Knoblauch daneben verteilen und 5 Minuten garen.

Haferflockenbratlinge

Zubereitungszeit: 45 Minuten
Portionen: 4
Zutaten:

- 1 Ei
- ½ TL Majoran, gehackt
- 250 g Haferflocken, zart
- 1 Prise Muskat
- 1 Prise Salz
- 1 Prise Chiliflocken
- 250 ml Gemüsebrühe, heiß
- 1 EL Rapsöl

Zubereitung:

1. Haferflocken, Gewürze, Kräuter und Brühe mischen. Mischung 30 Minuten ziehen lassen.
2. Ei untermischen und aus der Masse kleine Bratlinge formen.
3. Öl in einer Pfanne erhitzen und Bratlinge bei mittlerer Hitze mit Wenden goldbraun backen.

Ceviche

Zubereitungszeit: 1 Stunde & 10 Minuten
Portionen: 2
Zutaten:

- Saft von 2 Limetten
- 1 Chilischote, rot
- 250 g Kabeljaufilet
- 1 Prise Cayennepfeffer
- 1 TL Koriander, gehackt
- Salz
- Pfeffer

Zubereitung:

1. Fisch unter kaltem fließendem Wasser abspülen, abtupfen und in dünne Scheiben schneiden.
2. Chilischote der Länge nach aufschneiden, Kerne entfernen und fein hacken.
3. Alle Zutaten zusammenmischen.
4. Mischung abdecken und im Kühlschrank 1 Stunde ziehen lassen.

Fenchelpfännchen

Zubereitungszeit: 50 Minuten
Portionen: 4
Zutaten:

- 2 Knollen Fenchel
- 2 Knoblauchzehen
- 2 Fleischtomaten
- 1 TL Balsamicoessig
- 1 EL Olivenöl
- Salz
- Pfeffer

Zubereitung:

1. Fenchel waschen und in Scheiben hobeln.
2. Tomaten waschen und würfeln.
3. Knoblauch schälen und fein hacken.
4. In einer Pfanne Öl erhitzen und Fenchel bei mittlerer Hitze mit Wenden goldbraun braten.
5. Tomaten und Knoblauch dazugeben und 1 Minute braten.
6. Mischung aus der Pfanne nehmen, Essig, Salz und Pfeffer dazugeben und 30 Minuten ziehen lassen.

Äpfel mit Haferflocken & Banane

Zubereitungszeit: 10 Minuten
Portionen: 1
Zutaten:

- 2 Äpfel
- 1 EL Honig
- 1 Prise Zimt
- 1 EL Haferflocken

Zubereitung:

1. Äpfel vierteln, Kerngehäuse entfernen, schälen und würfeln.
2. Haferflocken in einer Pfanne anrösten, Honig und Zimt dazugeben, 1 Minute garen und danach mit den Äpfeln mischen.
3. Banane schälen und in Scheiben schneiden.
4. Mischung in ein Schälchen geben.
5. Bananen darüber verteilen.

Brokkoli Rote Beete Gemüse

Zubereitungszeit: 20 Minuten
Portionen: 4
Zutaten:

- 4 Rote Beete, vorgegart und vakuumiert
- 1 Brokkoli, in Röschen
- 4 EL Balsamicoessig
- 3 EL Pflanzenöl
- 1 Prise Zucker
- Salz
- Pfeffer

Zubereitung:

1. Handschuhe anziehen, weil die Rote Beete ansonsten auf die Haut abfärbt.
2. Rote Beete schälen und würfeln.
3. Brokkoli waschen und in einem Topf mit Salzwasser 8 Minuten garen.
4. Brokkoli abgießen.
5. Öl, Essig, Salz und Pfeffer mischen. Alle Zutaten zusammenmischen und 10 Minuten ziehen lassen.

Vielen Dank

Ich möchte mich bei Ihnen bedanken, dass Sie sich schlussendlich für dieses Kochbuch entschieden haben.

Ich hoffe, Ihnen haben die Rezepte gefallen und gut geschmeckt :).

Zuletzt wünsche ich Ihnen noch alles Gute.

Impressum

Fabian Magrutsch
Vitusgasse 7/1/3
1130 Wien

Printed in Poland
by Amazon Fulfillment
Poland Sp. z o.o., Wrocław

32957946R00074